T0267789

RESPIRAR BAJO EL AGUA

RICHARD ROHR

RESPIRAR BAJO EL AGUA

La espiritualidad y los doce pasos

Traducción de
BERNARDO MORENO CARRILLO

Herder

Título original: Breathing under water
Traducción: Bernardo Moreno Carrillo
Diseño de portada: Purpleprint creative

© 2011, *Franciscan Media, Cincinnati*
© 2016, *Herder Editorial, S. L., Barcelona*

ISBN: 978-84-254-3460-0

Imprenta: Reinbook
Depósito legal: B - 7600 - 2016
Printed in Spain - Impreso en España

Herder
www.herdereditorial.com

ÍNDICE

Este libro está escrito para ti

«No necesitan médico los sanos,
sino los enfermos».

Jesús (Lc 5,31-32)

«Alcohol se dice en latín *spiritus*, palabra que se
utiliza tanto para la experiencia religiosa más
elevada como para el veneno más depravante».

*Carta escrita por C. G. Jung en 1961,
poco antes de morir, a Bill Wilson*

INTRODUCCIÓN

◆

«Estas son las únicas ideas verdaderas:
las ideas de los náufragos.
Lo demás es retórica, postura, íntima farsa».[1]

José Ortega y Gasset

◆

1. José Ortega y Gasset, *La rebelión de las masas*, Madrid, Espasa-Calpe, 1964 (1929), p. 138.

Hace casi veinticinco años di en Cincinnati una serie de charlas en las que intentaba emparentar la sabiduría del *Programa de los doce pasos* con lo que san Francisco llamara «la médula del Evangelio».[2] Me asombró cuán evidente y fácil era mi tarea, y a la vez que no fuera igual de evidente para los seguidores de uno y otro mensaje. Con este librito voy a ver si consigo que lo que parece evidente resulte un poco más evidente todavía.

Los seguidores del citado programa de los doce pasos a veces pensaban que abandonaban la iglesia cuando asistían a las reuniones del miércoles por la noche en el sótano, y muchos de

2. Tomás de Celano, *Vida segunda de san Francisco*, en AA.VV., *San Francisco de Asís. Escritos, biografías, documentos de la época*, ed. de J. A. Guerra, Madrid, BAC, [7]1998, § 208 (puede consultarse en línea en http://www.franciscanos. org/fuentes/2Cel07.html).

los que estaban arriba, en el santuario, suponían que sus preocupaciones eran «más elevadas» o, en cualquier caso, diferentes a las de «esas personas con problemas» de allí abajo. Pero la semejanza de los mensajes entre las dos enseñanzas me ratifican en mi convicción de que nos encontramos ante una inspiración común por parte del Espíritu Santo y del mismo inconsciente colectivo. En efecto, yo sigo convencido de que, a nivel práctico (léase «transformacional»), el mensaje evangélico de Jesús y el mensaje de los doce pasos de Bill Wilson son el mismo mensaje a grandes —y también en algunos pequeños— rasgos, como intentaré hacer ver a lo largo del libro (por cierto, yo suelo citar a Bill Wilson como autor de los «doce pasos» y del denominado *Libro grande* de los Alcohólicos Anónimos [AA], si bien soy consciente de que existen algunas dudas en cuanto a la autoría en cuestión).

Mis citadas conferencias se llamaban «Respirar bajo el agua», título tomado de un poema de Carol Bieleck, RSCJ, que para mí parecía resumir buena parte del mencionado mensaje común. Lo cito aquí en su totalidad:

Respirar bajo el agua

Construí mi casa junto al mar.
No sobre la arena, que quede claro;
no sobre la arena movediza.

16

Y la construí de piedra.
Una casa bien sólida
junto al mar profundo.
Y llegamos a conocernos bien, el mar y yo.
Buenos vecinos.
No es que habláramos mucho.
Nos encontrábamos en los silencios.
Respetuosos, manteniendo nuestra distancia,
pero observando nuestros pensamientos
    [a través de la franja de arena.
Siempre la franja de arena, nuestra frontera,
siempre la arena de por medio.
Y entonces, un día,
—y aún no sé cómo sucedió—
el mar vino.
Sin avisar.
Sin ni siquiera ser invitado.
No súbita o apresuradamente, sino moviéndose
    [a través de la arena como el vino,
menos como flujo de agua que como flujo
    [de sangre.
Despacio, pero viniendo.
Despacio, pero fluyendo como una herida
    [abierta.
Yo pensé en huir, en ahogarme, en morir.
Y mientras yo pensaba, el mar siguió
    [avanzando, hasta llegar a mi puerta.
Y entonces supe que no había ni fuga, ni
    [muerte, ni ahogamiento.

Que cuando el mar llama a tu puerta, dejáis
　　[de ser vecinos,
buenos vecinos, amigos desde lejos,
y dejas tu casa por un castillo de coral,
y aprendes a respirar bajo el agua.[3]

Las grabaciones originales en *cassette* corrieron de mano en mano con el paso de los años, convirtiéndose después en CD para metamorfosearse en una segunda tanda de charlas titulada «¿Cómo respirar bajo el agua?», que di más de quince años después. La gente no dejó de animarme para que pusiera por escrito algunas de estas ideas. Así pues, tras haber crecido y madurado un poco más, aquí está el resultado. Ojalá nos pueda ofrecer a todos *algunas lecciones para respirar bajo el agua,* y cuando digo «a todos» me refiero también a nuestra cultura, a nuestra Iglesia, que a menudo parecen estar ahogándose sin saberlo. Pero no desesperemos. Lo que Ortega y Gasset llamara la mente o las «ideas» del náufrago puede ser un excelente punto de partida para todo aquel que intente salvarse y no ahogarse.

3. Poema inédito citado en *Inherited Illusions: Integrating the Sacred and the Secular,* de Thomas Cullinan, Westminster (MD), Christian Classics, 1988, pp. 56-57.

Relación entre el Evangelio
y los doce pasos

Aunque en este libro me centraré sobre todo en el individuo atrapado, también trataré de señalar los grandes paralelismos que se detectan en las instituciones, la cultura y las naciones. En su calidad de asesora organizativa y de psicoterapeuta, Anne Wilson Schaef dijo hace muchos años que nuestra sociedad como tal presenta todos los síntomas de la adicción clásica. Y, tras oír aquellas palabras, yo empecé a preguntarme si la adicción no podía ser una metáfora muy útil para describir lo que la tradición bíblica llama «pecado».

Personalmente, yo estoy convencido de que tal es el caso, de que esta podría ser la relación fundacional entre el Evangelio y el programa de los doce pasos. Resulta muy útil ver el pecado, al igual que la adicción, como una *enfermedad*, como una enfermedad muy destructiva, en vez de como alguna cosa meramente reprochable, punible o que «ha puesto triste a Dios». Si el pecado pone muy triste a Dios es porque *Dios no desea nada más que nuestra felicidad, y quiere la curación de nuestra enfermedad*. La misión sanadora de Jesús debería habernos dejado esto suficientemente claro. Sanar, curar, fue la principal razón de su misión; en efecto, la mayor parte de su enseñanza está destinada a hablarnos de curaciones (y viceversa). Es asombroso que esta idea no haya tenido más importancia y presencia en los grandes momentos de la Iglesia.

Como dice Carol Bieleck en su poema, no podemos impedir que suban las aguas de nuestra cultura adictiva, pero sí debemos ver al menos nuestra realidad tal y como es, y hemos de intentar apartarnos de ella, construir un castillo de coral y aprender a respirar bajo el agua. El Nuevo Testamento llamó a esto salvación e iluminación, y el programa de los doce pasos lo llamó recuperación. Pero, ay, la mayoría de los cristianos aplazan esta gran liberación para un mundo por venir, mientras que muchos seguidores de los doce pasos se conforman con más sobriedad etílica en vez de dar un paso más en pos de la verdadera transformación del yo. El resultado es que todos hemos acabado perdiendo, esperando «la iluminación a punta de pistola» (la muerte) en vez de disfrutar del banquete divino en una fase mucho más temprana de la vida.

El programa de los doce pasos corre paralelo, refleja y torna prácticos los mensajes que nos dio Jesús, pero sin tanto peligro de espiritualizar el mensaje y diferir sus efectos a un mundo futuro y metafísico. En el siglo IV, el cristianismo se convirtió en la religión oficial del Imperio romano, lo que nos obligó a asentir, a *estar de acuerdo* con sus postulados de índole transcendente (por ejemplo, que Jesús es Dios, que Dios es uno y trino, que María es virgen, etc.) en vez de infundirnos el deseo de experimentar los «pasos» prácticos de la iluminación humana, el mensaje principal de nuestra propia transformación en «naturaleza divina» (2 Pe 1,4) y una «nueva creación» en esta tierra (Gál 6,15). La teoría se había impuesto a la práctica.

A partir de entonces, dimos más importancia a adorar a Jesús como imperio unido que éramos en vez de a seguirlo de una manera práctica (sin olvidar que él jamás dijo «adoradme», sino más bien, y precisamente, «seguidme»). Fueron los emperadores, que no los no papas ni los obispos, quienes convocaron los siguientes concilios de la Iglesia, y, como cabía suponer, sus preocupaciones casi nunca tuvieron por objeto la curación de las masas (sino mantener unido a su imperio) ni las inequívocas enseñanzas de Jesús sobre la no violencia, la vida sencilla y la atención a los marginados, pues algo así no podía sino poner en jaque las urgentes tareas de cualquier imperio (como todavía hoy se puede seguir viendo).

Nuestras preocupaciones cristianas por la *metafísica y el futuro* se convirtieron en una evitación de la «física» propiamente tal y del tiempo presente*. El exceso de teoría y la toma de partido sobre qué era correcto o incorrecto acabaron postergando y llevándose por delante el regalo universalmente disponible de la «inhabitación divina», la verdadera «encarnación» que aún tiene la virtualidad de cambiar el mundo.

Como dijo Tertuliano, a veces llamado el primer teólogo de Occidente (166-225 d.C.): «Caro salutis cardo»,[4] la carne es la bisagra sobre la que gira la salvación y el eje del que esta pende. Cuando el cristianismo pierde sus intereses de orden material/físico/terrenal, tiene muy poco que decir sobre cómo quiere Dios realmente que el mundo alcance su plenitud. Al argumentar interminablemente sobre el Espíritu, también nosotros evitamos a menudo tanto el cuerpo como el alma. Actualmente sufrimos las consecuencias de una sociedad corporalmente adicta y casi siempre sin alma, mientras especulamos sin cesar sobre las abstracciones de la teología y la liturgia y mantenemos alejado a un Espíritu Santo siempre disponible a los pocos que cumplen todos los requisitos.

IR HACIA EL DOLOR

¡En el programa de los doce pasos no hay partido ni posiciones que tomar! No es una competición para ver quién es el más digno. *¡Solo hay*

---

4. Tertuliano, *De resurrectione carnis*, 8, 2.

un punto de partida absolutamente necesario: la experiencia de la «impotencia», el punto por donde todos debemos empezar! Y Alcohólicos Anónimos (AA) es una asociación suficientemente honrada y humilde para decir esto, lo que recuerda a Jesús, que iba siempre allí *donde estaba el dolor.* Siempre que veía sufrimiento humano, Jesús se mostraba preocupado por él *ahora, por curarlo ahora.* No deja de ser asombroso, y muy triste, que nosotros lo aplazáramos todo a un sistema de retribución para aquellos que fueran «dignos»; como si alguno de nosotros lo fuera.

¿Es a este dolor humano a lo que tenemos miedo? La impotencia, la situación de naufragio, es una experiencia que, si somos sinceros, todos compartimos de alguna manera; pero Bill Wilson descubrió que tampoco en eso somos muy buenos. Él llamó a esto «negación»: al parecer, no somos suficientemente libres como para ser sinceros —ni tan siquiera conscientes—, pues la mayor parte de nuestra basura permanece enterrada en el inconsciente. Por eso es absolutamente esencial una espiritualidad que llegue hasta el nivel más escondido. De lo contrario, nada cambiará realmente.

Y no es que se trate necesariamente de mala voluntad —ni siquiera de negación consciente— por nuestra parte. Se trata simplemente de que no podemos ver lo que no nos vemos forzados a ver. Como dijo Jesús, «vemos la paja en el ojo del hermano y no vemos la viga que tenemos en el nuestro» (Mt 7,4-5). Ese juego tan engañoso queda en evidencia en este versículo tan revelador de Jesús. Parece como si necesitáramos algo que nos obligara a ocuparnos de esa viga. Para mucha gente, por no decir para casi toda, ese algo parece consistir en el hecho de haber experimentado o experimentar alguna forma de adicción, algún fallo moral o alguna caída en la impotencia.[5]

Pero como todos somos espiritualmente impotentes (y no solo los físicamente adictos a una sustancia), yo escribo este libro pensando en todo el mundo. Los alcohólicos ponen a la vista su impotencia para que todos la veamos. Los demás la disfrazamos de diferentes maneras y sobrecompensamos nuestras adicciones más ocultas y sutiles (especialmente la adicción a nuestro modo de *pensar*).

Todos tomamos nuestro patrón de pensamiento como un patrón normativo, lógico y cien por cien verdadero, aunque no encaje del todo; y seguimos haciendo lo mismo una y otra vez, aunque no funcione para nosotros. Esto no es otra cosa que la naturaleza autodestructiva, por no decir incluso «demoníaca», de toda adicción,

---

5. Richard Rohr, *Falling Upward: A Spirituality for the Two Halves of Life*, San Francisco (CA), Jossey-Bass, 2011.

y de la mente en particular. *Pensamos que somos nuestro pensamiento, e incluso consideramos ese pensamiento cien por cien «verdadero», lo cual nos aleja por lo menos dos pasos de la realidad como tal.* A decir verdad, nosotros somos nuestros peores enemigos, por lo que debemos empezar salvándonos de nosotros mismos. Se diría que los humanos prefieren antes morir que cambiar o reconocer que se han equivocado.

Esta mente pensante, de una racionalidad tipo «ojo por ojo», convirtió el Evangelio en una competición en la que «gana quien tiene más fuerza de voluntad», aunque en realidad, según los criterios normales, casi todo el mundo pierde. Hasta ahí llegará *el ego* (léase «el falso yo» o, en palabras de Pablo, «la carne») a fin de promoverse y protegerse a sí mismo. Como se ha dicho: antes morir que cambiar o reconocer que uno se ha equivocado. Antes vivir en un mundo que juega a ganar o perder (en el que la mayoría pierde) que otorgarle a Dios una victoria que es «ganadora para todos». Al parecer, la gracia es siempre una humillación para el ego.

A este nivel, la religión organizada ya no es una buena noticia para la mayoría de la gente, sino una noticia bastante mala. Sirve en bandeja el generalizado ateísmo, agnosticismo, hedonismo y secularismo que vemos actualmente en casi todos los viejos países cristianos (y en los que solo se preocupan por guardar las apariencias). Actualmente abundan más los que dicen que se están rehabilitando del catolicismo que los que hablan de rehabilitarse de las adicciones. También oigo decir que por cada persona que se apunta a la Iglesia hay tres la dejan. ¿Se puede decir que toda esta gente es mala o insincera? No lo creo. Tal vez es que no hemos sabido darle la buena noticia que deseaba, necesitaba y esperaba.

«LA EXPERIENCIA ESPIRITUAL VITAL»

Por su parte, el programa de los doce pasos se convirtió a menudo en un mero programa para la sobriedad (respecto de una sustancia tóxica), olvidándose de llevar a la gente hacia la «experiencia espiritual vital» que Bill Wilson consideró desde todo punto necesaria, fundacional, para la plena recuperación.[6] Si tradicionalmente se habla de tres fases cristianas del viaje espiritual, a saber, la (1) purgación, la (2) iluminación y la (3) unión, se podría decir que muchos adictos nunca llegan a la segunda o tercera fase —a una verdadera iluminación espiritual del yo— y menos

6. Véase Alcoholics Anonymous, *Big Book*, Nueva York, AA World Services, 1939, pp. 27-29 y 569-570 [trad. cast.: Alcohólicos Anónimos, *Este es el Libro grande*, Avilés, Servicio General de Alcohólicos Anónimos, 2015].

aún a la vida de la unión *experimentada* con Dios, una vida sumamente rica. Lamento decir que en esto son el retrato vivo de tantos cristianos al uso.

El programa de los doce pasos se ha quedado demasiadas veces en un nivel de mera «resolución de problemas», olvidándose del éxtasis propiamente tal —la confiada intimidad con Dios, o lo que Jesús nunca se cansó de llamar «el banquete nupcial»—. Al mundo se le ha dejado la difícil tarea de intentar convivir con los denominados «alcohólicos abstemios», que son más difíciles todavía. Son personas que ya no beben ni toman drogas, pero que nos instan a los demás a comulgar con su pensamiento del tipo «o todo o nada», un pensamiento que distorsiona y destruye cualquier comunicación tranquila y diáfana.

Si creéis que estoy siendo demasiado duro, prestad atención a este comentario que hizo Bill Wilson en sus últimos años:

Cuando AA tenía todavía pocos años de vida, muchos eminentes psicólogos y médicos hicieron un estudio exhaustivo de un grupo bastante amplio de los denominados bebedores con problemas, y al final llegaron a una conclusión que dejó patidifusos a los miembros de AA de aquellos años. *Aquellos hombres eminentes tuvieron el valor de decir que la mayor parte de los alcohólicos estudiados seguían siendo unas personas infantiles, emocionalmente muy sensibles y pretenciosas.*

¡Cómo les duele a los alcohólicos aquel veredicto! No podíamos creer que nuestros sueños de adultos fueran a menudo simplemente infantiles. Y, considerando lo mal que nos había tratado la vida, nos parecía perfectamente natural que fuéramos muy sensibles. En cuanto a nuestra conducta pretenciosa, insistíamos en que solo teníamos en mente ¡la elevada y legítima ambición de ganar la batalla de la vida![7]

Mi experiencia de más de cuarenta años de sacerdocio me dice que podríamos decir lo mismo de tantos cristianos y clérigos bien intencionados. Su religión nunca los ha tocado ni sanado a nivel inconsciente, donde se almacenan todas las verdaderas motivaciones, los sufrimientos, los rencores, las iras, las heridas y las ilusiones, bien escondidas pero a menudo plenamente operativas. Nunca se dirigieron hacia el «aposento interior» al que Jesús nos invitó y donde las cosas se guardan «en lo secreto» (Mt 6,6).

Los cristianos suelen ser personas sinceras y bienintencionadas mientras no se pongan en tela

---

7. Se trata del duodécimo paso de *Twelve Steps and Twelve Traditions (Doce pasos y doce tradiciones)*.

de juicio cosas como el ego, el control, el poder, el dinero, el placer y la seguridad. Entonces se parecen mucho al resto de los humanos. Y es que a menudo les damos una versión espuria del Evangelio, parecida a una religión de comida rápida, sin ninguna transformación profunda del yo. El resultado de esto, lamento decirlo, ha sido el desastre espiritual de los países «cristianos», unos países consumistas, orgullosos, belicosos, racistas, clasistas y adictos como todos los demás países, si no más aún.

Así, por ejemplo, se era católico porque se era italiano, español o irlandés, no por «seguir los pasos» o por tener una «experiencia espiritual vital», de esas que cambian la vida. Seamos francos y sinceros al respecto y no adoptemos una postura defensiva, pues lo que está actualmente en juego es demasiado grave, demasiado urgente. Nuestra incapacidad para ver los fallos corre pareja con nuestra incapacidad para ver nuestros pecados institucionales y nacionales. Es el mismo modelo de la adicción y la negación de que hemos hablado antes. A Dios gracias, el papa Juan Pablo II introdujo en nuestro vocabulario expresiones como «pecado estructural» y «mal institucional», las cuales ni siquiera habían formado parte de la conversación habitual a lo largo de la historia cristiana, puesto que nos habíamos centrado exclusivamente en los pecados «personales». Las tres fuentes del mal tradicionalmente eran llamadas «el mundo, el demonio y la carne». Por cierto, nos centramos tanto en los pecados de la carne que acabamos dejando que el mundo y el demonio se fueran «de rositas».[8]

Nos espera un trabajo a la medida de cada cual, y el programa de los doce pasos ya dejó bien claro que se trata, en efecto, de trabajo y no de comida rápida ni de una «gracia barata». Los que siguen el Evangelio deben hacer un sincero trabajo interior, y los AA deben seguir «los doce pasos»; solo entonces tanto unos como notarán que están saboreando la rica y nutritiva «médula del Evangelio».

Cuatro hipótesis sobre la adicción

A continuación expongo cuatro ideas que me van a servir de pauta a lo largo del libro:

Todos somos adictos. Los seres humanos somos seres adictos por naturaleza. La adicción es un nombre moderno, una descripción cabal y sincera de lo que la tradición bíblica denominaba el «pecado» y los cristianos medievales las «pasiones»

8. «The Spiral of Violence», grabación en CD de Richard Rohr, disponible en cacradicalgrace.org.

o los «apegos». Pero todos reconocían la necesidad de tomar medidas serias, y prácticas, para liberarnos de estas ilusiones y celadas. Por cierto, los autores del Nuevo Testamento las denominan en algunos casos con el nombre de «exorcismos». Sabían que estaban haciendo frente a un mal noracional o a «demonios».

El pensamiento «hediondo» (negativo/malsano/ irracional) es una adicción universal. Las adicciones a sustancias como el alcohol y las drogas no son más que formas más visibles de la adicción; en realidad, todos nosotros somos adictos a nuestra manera habitual de hacer las cosas, a nuestras propias defensas y, más especialmente, a nuestro patrón de pensamiento, es decir, a nuestra manera de procesar la realidad. El hecho mismo de que tengamos que decir esto demuestra lo cegados que estamos en su interior. Por definición, uno nunca puede ver ni manejar aquello a lo que es adicto, pues siempre está «oculto» y disfrazado de otra cosa. Igual que preguntó Jesús al demonio de Gerasa, alguien debería preguntar: «¿Cuál es tu nombre?» (Lc 8,30). Hay que identificar bien el problema antes de que el demonio pueda ser exorcizado. No podemos curar algo si antes no lo hemos reconocido.

Todas las sociedades son adictas a sí mismas y crean una profunda dependencia a ellas. En cada cultura e institución hay adicciones compartidas que todos parecen aceptar. Como no parecen adicciones, suelen ser las más difíciles de curar, pues todos aceptamos el ser compulsivos respecto a las mismas cosas y ciegos a los mismos problemas. El Evangelio saca a la luz estas mentiras en cada cultura; por ejemplo, la adicción de los estadounidenses al petróleo, a la guerra y al imperio; la adicción de la Iglesia a su excepcionalismo absoluto; la adicción de los pobres a la impotencia y al victimismo; la adicción de los blancos a la superioridad; la adicción de los acomodados a los títulos y privilegios...

La única libertad respecto del yo y de las mentiras culturales es alguna forma de conciencia alternativa. Si existe una adicción universal a nuestro patrón de pensamiento, que es invariablemente dualista, la senda espiritual que se ha de seguir debe ser alguna forma de práctica contemplativa, la otrora llamada «oración», si queremos dar al traste con este inútil sistema de pensamiento binario («o esto o eso») y con el pensamiento de superioridad. ¡«Rezar» es la mejor manera de cambiar nuestro sistema operativo! Algo expresamente reconocido en el undécimo de los doce pasos.

Cuando la religión no lleva a las personas al nivel místico —no dual— de la consciencia,[9] la religión es más parte del problema que de la solución. Y así solidifica iras, crea enemigos y es casi siempre excluyente de la definición de «pecador» más reciente. En ese nivel, es básicamente incapaz de realizar su tarea suprema de curar, reconciliar, perdonar y pacificar. La religión da la espalda a su vocación primordial cuando no ofrece a la gente una vida interior o una auténtica vida de oración.

Así pues, y a modo de resumen, he aquí las frases fundacionales en las que yo creo que Jesús y los doce pasos de AA coinciden, aunque con un vocabulario diferente:

Sufrimos para mejorar.
Cedemos para ganar.
Morimos para vivir.
Damos para tener.

Esta sabiduría ilógica siempre encontrará resistencia por el hecho de ser verdadera, y siempre será negada y evitada hasta que nos sea impuesta... por parte de una realidad respecto a la que somos impotentes. Y, si somos sinceros, *todos somos impotentes* en presencia de la Realidad plena.

9. Richard Rohr, *The Naked Now: Learning to See as the Mystics See*, Nueva York, Crossroad, 2009.

CAPÍTULO 1

LA IMPOTENCIA

◆

**Admitimos que éramos impotentes
ante el alcohol, que nuestras vidas
se habían vuelto ingobernables.**
Primero de los doce pasos

◆

«Enrollé como tejedor mi vida, él me corta la trama.
Del día a la noche me acabas; pido auxilio hasta
el amanecer. Como león, así rompe todos mis huesos;
del día a la noche me acabas. Como golondrina,
así triso, zureo como paloma».
Isaías 38,12-14

«Realmente, no me explico lo que hago: porque no llevo
a la práctica lo que quiero, sino que hago precisamente
lo que detesto. [...] Porque querer el bien está a mi
alcance, pero el hacerlo, no».
Romanos 7,15.18

«Viendo a la gente sintió gran compasión por ellos,
porque, cansados de andar y tirados por tierra,
parecían ovejas sin pastor».
Mateo 9,36

L o digo con total claridad y sinceridad: no entiendo por qué Dios creó el mundo de esta manera. No sé por qué «el poder se manifiesta en la flaqueza», como dice Pablo, ni por qué «cuando me siento débil, entonces soy fuerte» (2 Cor 12,9-10). A veces parece como si Dios fuera un engañabobos, como si el «pícaro divino» estuviera jugando con nosotros, como si Dios hubiera escondido la santidad y la plenitud en un lugar muy oculto donde solo los humildes pudieran encontrarlas. Un Dios travieso —un Dios «al revés»— ha decidido que los que están abajo se revelen como los verdaderos triunfadores y los que intentan estar arriba no encuentren allí nada realmente sustancioso. ¿Por qué este disfrazarse de Dios? ¿Por qué este jugar al escondite?

La mayor de las sorpresas de Dios y su constante disfrazarse

Lo único que sé es que esto cuadra perfectamente con mis observaciones personales. No es que yo pretenda conocer bien a Dios, pero esto es lo que veo: las personas que han pasado de un éxito aparente a otro éxito aparente raras veces entienden lo que es el éxito de verdad; solo una versión personal muy limitada. Por otra parte, las personas que no consiguen hacer bien las cosas, según su propia definición de «hacer bien», son las que más a menudo se abren paso hacia la iluminación y la compasión. Esto es un misterio para mí, y seguro que lo es y lo seguirá siendo también para vosotros, incluso llegados al final del libro. La gran diferencia entre nosotros, que no es poca, es que, espero, vosotros sois capaces de aceptar e incluso de disfrutar con esta economía cósmica de la gracia. Es la gran sorpresa de Dios, y su constante disfraz, pero vosotros sabéis que este misterio solo es verdadero si lo atravesáis y salís por el otro lado. No podréis conocerlo solo yendo a la iglesia, leyendo la Biblia u oyendo a alguien hablar de él, aunque estéis de acuerdo con ese alguien.

Hasta que no toquéis fondo y lleguéis al límite de vuestra reserva de gasolina, no hay motivo para que os paséis a un octanaje superior. Pues bien, ¡eso es precisamente lo que está ocu-

rriendo! ¿Para qué ibais a hacerlo? Nunca apren-
deréis a abrevaros activamente en una fuente mayor hasta que os fallen vuestras fuentes y recursos
personales.

Nunca encontraréis al Verdadero Gestor hasta
que, y a menos que, haya una persona, situación,
acontecimiento, idea, conflicto o relación que no
podáis «gestionar». Así, *Dios se encarga de que os
salgan al paso varias cosas que no podéis gestionar
por cuenta propia*. Los artífices de su propio éxito
—o autodidactas—, al igual que todas las espiri-
tualidades heroicas, intentarán confeccionarse un
yo más fuerte aún a base de fuerza de voluntad
y determinación —que les devuelvan el mando y
un aparente control—. Generalmente, la mayoría de la gente admira esto, sin darse cuenta de
que el resultado a largo plazo será una personalidad indoblegable, a veces orgullosa y en definitiva rígida. Y ya tienen que seguir con este patrón
de éxitos y defensas autocreados. Esta respuesta
prepotente no suele producir personas amables,
sino personas controladoras con una necesidad de
control cada vez más profunda. Al final, el juego
resulta insostenible, a no ser que consigan que
los demás —toda su familia incluida— paguen
el precio de su agresividad y superasertividad, un
patrón que suele darse con mucha regularidad.

Con frecuencia vemos que muchos cristianos
reducen el gran Evangelio a una cuestión moral

respecto a la cual se pueden sentir del todo triunfantes y superiores, y que por lo general no les exige nada personalmente. El ego siempre insiste en un elevado motivo moral, o como dice Pablo magníficamente, «el pecado, aprovechando la ocasión, me sedujo, valiéndose del mandamiento, y por medio de él me mató» (Rom 7,11.13). Es un pasaje de una extraordinaria penetración por parte del apóstol, que yo personalmente no me creería si el disfraz no fuera una cosa tan corriente (léase, sacerdotes célibes centrados en el control de la natalidad y el aborto como la mayor encarnación del mal, heterosexuales que ven el matrimonio gay como la amenaza suprema de la sociedad, liberales investidos de la corrección política al uso mientras viven totalmente ajenos al verdadero sufrimiento del mundo, evangelizadores a golpe de Biblia que se olvidan por completo de ella cuando *les* pide que cambien ellos mismos, una nación de inmigrantes convertida en nación antiinmigrantes, etc.). Vemos que el ego sigue estando al mando y llevando diferentes disfraces tanto a la izquierda como a la derecha de la mayor parte de los grupos y de los problemas.

Es el ego imperial el que tiene que irse, pues solo la impotencia puede hacer el trabajo correctamente (esto lo vio Bill Wilson muy pronto en su programa de los doce pasos); de lo contrario, procuramos pergeñar nuestra transformación personal según nuestras propias normas y nuestro propio poder, que, por definición, ¡no tienen nada que ver con la transformación! Nosotros no podemos de ninguna manera pergeñar ni llevar a buen puerto nuestra propia conversión. Si intentamos cambiar nuestro ego con la ayuda de nuestro ego, el resultado será ¡un ego mejor disfrazado! Como dijera, con distinta formulación, el físico Albert Einstein: por principio ningún problema puede ser resuelto por la misma conciencia que lo causó.

Para referirse a este ego arrogante, Jesús usó la metáfora del «grano de trigo» y la del «sarmiento cortado»; Pablo usó la desafortunada palabra «carne», que a casi todos les hacía pensar que estaba hablando del cuerpo. Por eso en algunas traducciones modernas de la Biblia se utiliza ahora la palabra «autocomplacencia», que se acerca mucho más al significado. Pero tanto Jesús como Pablo apuntaron directamente al aislado y protegido pequeño yo. Y los dos dijeron que este tenía que desaparecer: «Si el grano de trigo que cae en la tierra no muere queda él solo; pero si muere, produce mucho fruto» (Jn 12,24). Para Pablo, la «carne» o el ego no pueden llevarte a donde quieres ir (Gál 5,19). Las preocupaciones del ego son demasiado pequeñas y demasiado egoístas.

La reacción del ego a un momento dado es *siempre* una respuesta inadecuada o incluso equivocada. No profundiza ni amplía la vida, el amor o la risa interior. Nuestro ego está *siempre* atado a meras cosas externas, pues no tiene de por sí ninguna sustancia interior. El ego se define por sus ataduras y revulsiones, mientras que el alma no ata ni odia; *desea y ama y deja ir.* Por favor, pensad en eso, y tal vez cambie vuestra noción misma de la religión.

TODA ESPIRITUALIDAD MADURA VERSA SOBRE DEJAR IR

Como han dicho muchos de los que enseñan los doce pasos, el primero de los doce es probablemente el más duro y el que más suele negarse y evitarse. ¡Con lo cual, el proceso nunca acaba de arrancar! A nadie le gusta ver morir a la persona que cree ser. El «falso yo» es lo único que tiene uno, como dice Thomas Merton, monje trapense y escritor sobre temas de espiritualidad, en *New Seeds of Contemplation [Nuevas semillas de contemplación]* (un libro clásico que sigue siendo probablemente la mejor ilustración de lo que queremos decir por el verdadero y el falso yo). Dejar ir, soltar, no está en el programa de felicidad de nadie y, sin embargo, *toda espiritualidad madura, en un sentido u otro, versa sobre dejar ir y desaprender.* Podemos tomar esto como si se tratara de un absoluto. Como dijera el Maestro Eckhart, místico y filósofo alemán, la vida espiritual tiene que ver mucho más con sustraer que con añadir.

Lo que más odia el ego es cambiar, por horrible que sea o por mal que funcione la situación (como es el caso de la situación actual). Pero *cada vez hacemos más cosas que no funcionan,* como acertadamente dicen muchos acerca de los adictos y, añadiría yo, acerca de todos nosotros. La razón por la que volvemos a hacer algo es porque la última vez no nos satisfizo del todo. Como dijo el poeta inglés W. H. Auden en «Apropos of Many Things» [«A propósito de muchas cosas»]: «Preferimos arruinarnos antes que cambiar, preferimos morir en nuestro espanto antes que subir a la cruz del presente y dejar que mueran nuestras falsas ilusiones».

CAPÍTULO 2

Un desesperado anhelar

•

**Llegamos a creer que un Poder superior a nosotros
mismos podría devolvernos el sano juicio.**
Segundo de los doce pasos

•

«El Dios de antaño es lugar de refugio,
y un soporte, sus brazos eternos; él arrojó
delante de ti al enemigo».
Deuteronomio 33,27

«Tuvimos dentro de nosotros la sentencia de muerte
para que no confiemos en nosotros mismos,
sino en el Dios que resucita a los muertos».
2 Corintios 1,9

«Todavía estaba lejos, cuando su padre lo vio venir y,
hondamente conmovido, corrió a abrazarse
a su cuello y lo besó repetidamente».
Lucas 15,20

E l segundo paso consiste en los necesarios anhelos, aplazamientos y recaídas que preceden invariablemente al pleno salto a la fe. El título emplea, con mucha sabiduría, un verbo activo para describir este salto: *«Llegamos a creer* que un Poder superior a nosotros mismos podría devolvernos el sano juicio». La entrega o rendición a la fe no se produce en un único momento sino que es un viaje prolongado, una marcha confiada, un gradual dejar ir, desaprender y rendirse. Nadie lo consigue ni en el primer ni en el segundo intento. El deseo y el anhelo deben ser objeto de una prioritaria y suficiente profundización y ampliación.

Para rendirnos finalmente a la curación, debemos tener tres espacios abiertos dentro de nosotros, y todos a la vez: nuestra cabeza obstinada, nuestro corazón cerrado a cal y canto y nuestro cuerpo defensivo y defendido. Esta es la tarea de la espiritualidad, un verdadero trabajo. Es, en definitiva, el trabajo de «un Poder superior a nosotros mismos», que nos conducirá a una gran *luminosidad* y a una visión muy profunda. Por eso la verdadera fe es una de las acciones más holísticas y libres que puede llevar a cabo el ser humano. Nos lleva a una percepción tan amplia y profunda que la mayor parte de las tradiciones la suelen llamar «luz». Recordemos lo que dijo Jesús al respecto: también *nosotros* somos la luz del mundo (Mt 5,14), no solo él (Jn 8,12). Los cristianos solemos olvidarnos a menudo de esto. Una visión tan luminosa es lo más contrario que hay a esa especie de mente cerrada, de corazón muerto y de cuerpo negado en que muchas religiones han permitido que se convierta la fe. Como sin duda habréis oído decir más de una vez, «la religión es vivida por personas que tienen miedo al infierno; la espiritualidad es vivida por personas que han pasado por el infierno».

Los inocuos y mentales sistemas de fe de muchas religiones son probablemente la principal causa del ateísmo que existe en el mundo de hoy, pues la gente ve que las religiones no han formado a personas más fuertes, afectuosas o creativas que otros grupos —e incluso se podría decir que todo lo contrario—. A mí me gustaría no tener que decir esto, pero es el caso que la religión produce o bien a los mejores o bien a los peores. Jesús dice esto mismo en muchos escenarios y relatos. Los meros sistemas de fe mentales escinden a las personas, mientras que la fe verdadera pone sobre aviso y en situación de «disponibles» a todas nuestras partes (cuerpo, corazón, cabeza) y nos ofrece una nueva emisora de banda ancha, con sonido pleno y envolvente en vez de un sonido monótono y plagado de interferencias. Sinceramente, se necesita mucha cirugía y mucha vida propia para que la cabeza, el corazón y el cuerpo bajen sus defensas, sus falsos programas de felicidad y sus numerosas formas de resistencia a lo que es justo. Esto es la carne y el músculo de todo proceso de conversión.

Por difícil que resulte creerlo, muchas personas formalmente religiosas no creen en la realidad del Espíritu de una manera activa o eficaz. Creen que, en cierta manera, su labor es enseñar, introducir o «ganar» Espíritu, y nunca encuentran la ocasión de disfrutar de lo que está ya y siempre —y activamente— a su lado. Walter Wink, profesor de exégesis bíblica, llama a esto una mera cosmovisión «teológica», por oposición a una cosmovisión «encarnacional», que es el auténtico cristianismo.[1] *Cuando todo tú estés ahí, lo sabrás. Cuando todo tú estés presente, empezará el banquete.*

Pero, como dijo Jesús en sus numerosas referencias al banquete, todos nosotros encontra-

1. Walter Wink, *Engaging the Powers*, Minneapolis, Fortress, 1992, pp. 3-7.

mos alguna excusa personal para *no* acudir a algo tan gratuito, espacioso y disponible para todos. «¡Todavía queda sitio!», se dice al final (véase Lc 14,15-24). A muchos parece echarlos atrás el hecho de que la lista de invitados incluya a «malos y buenos» (Mt 22,10). El ego, o la «carne», preferiría pertenecer a un club privado o a una comunidad cerrada, contrariamente a lo que dice Pedro: «Dios me ha hecho ver que a ningún hombre se le debe considerar profano o impuro» (Hch 10,28), aunque, como sabemos, a él le costó mucho trabajo llegar a esa conclusión.

Cuando los tres espacios interiores están abiertos y se escuchan juntos, ya podemos estar siempre presentes. *Estar presentes es saber lo que debemos saber en este momento concreto.* Estar presentes a algo es dejar que nos cambie el momento, la personalidad, la idea o la situación.

ABRIR TRES ESPACIOS INTERIORES

A continuación hablaré brevemente de la necesidad de un triple «abrirnos», pero animo al lector a que busque otros recursos para profundizar cada uno de estos tres aspectos.

Para tener abierto el espacio de la mente necesitamos algún tipo de práctica contemplativa o de meditación. Esto es algo que se ha descuidado bastante en los siglos pasados, sustituyéndolo por un mero recitar o «decir» las preces, que no es lo mismo que una mente contemplativa y a menudo nos confirma simplemente en nuestro sistema superior o basado-en-el-miedo. En el undécimo paso se afirma atinadamente que «la oración y la meditación» son absolutamente necesarias para todo el proceso. Suelo llamar a la contemplación con el nombre de «conciencia no-dualista», al tiempo que considero necesario superar el «pensamiento hediondo» de la mayor parte de los adictos, que tiende a ser un pensamiento del tipo «o todo o nada».[2] Se podría decir que la auténtica espiritualidad trata invariablemente de *vaciar la mente y llenar el corazón* al mismo tiempo.

Para mantener abierto el espacio del corazón se precisan varias cosas. En primer lugar, casi todos necesitamos algún tipo de curación para las heridas que arrastramos del pasado. La expresión, un tanto extraña, de la Iglesia para describir esto era la de «pecado original», que, según se nos decía, no era algo de lo que éramos personalmente culpables sino que *se nos había hecho* y se transmitía de generación en generación. No sirve de nada culpar a nadie. Si no fue eso, habría

---

2. Richard Rohr, *The Naked Now*, Nueva York, Crossroad, 2009, y Cynthia Bourgeault, *Centering Prayer and Inner Awakening*, Lanham (MD), Cowley, 2004.

sido otra cosa. Según el Eneagrama, esa maravillosa herramienta espiritual que habla de los nueve «programas de la felicidad» o estrategias más corrientes para lograr sobrevivir, todos estamos heridos en nuestra «función sintiente» de una manera u otra. Cada cual está un 50 por ciento en lo cierto y un 50 por ciento equivocado, y es importante saber reconocer el 50 por ciento equivocado para que el lado bueno, el lado acertado, pueda quedar libre.[3] Asimismo, necesitamos mantener una correcta relación con la gente para que las otras personas puedan amarnos y tocarnos en niveles más profundos, y a su vez podamos amarlas y tocarlas. Ninguna otra cosa abre el espacio del corazón de una manera tan positiva y continuada. Afortunadamente, en los pasos que van del cuarto al décimo se habla precisamente de hacer posible esto mismo (y, por supuesto, nosotros también hablaremos de ello).

Finalmente, yo creo que el espacio del corazón lo suelen abrir actividades del «cerebro derecho»,[4] tales como la música, el arte, la danza,

3. Don Richard Riso y Russ Hudson, *The Wisdom of the Enneagram: The Complete Guide to Psychological and Spiritual Growth for the Nine Personality Types*, Nueva York, Bantam, 1999 [trad. cast.: *La sabiduría del eneagrama. Guía para el crecimiento psíquico y espiritual de los nueve tipos de personalidades*, Barcelona, Urano, 2000].

4. Ken Wilber, *The Simple Feeling of Being*, Boston,

la naturaleza, el ayuno, la poesía, los juegos, la sexualidad afirmadora-de-la-vida y, por supuesto, el arte de la relación propiamente tal. Los asesinos en serie son invariablemente unos tipos solitarios que no participan en ninguna de estas cosas sino que se dedican a rumiar, a atrincherarse en su cabeza, y solo atienden a las explicaciones que esta les ofrece.

Todavía recuerdo los tiempos en que celebraba la misa de manera adecuada aunque, en lo más recóndito, lo hacía con un corazón frío; no me di cuenta de que mi corazón llevaba mucho tiempo endurecido hasta que entré en la congregación y fui recibido con sonrisas genuinas y abrazos calurosos; de repente, mi corazón volvió a ser afectuoso y a sentirse «conectado». Esto no es sino ese frotamiento o masaje propio de toda experiencia de conversión. ¡No sabemos lo mucho que lo necesitamos hasta que estamos al otro lado! Por eso necesitamos la tenacidad de la fe y de la esperanza para pasar por las mayores experiencias de transformación. Cuando podamos dejar que los demás influyan realmente en nosotros y nos cambien, entonces habrá quedado abierto el espacio de nuestro corazón.

Shambala, 2004 [trad. cast.: *La pura conciencia de ser*, Barcelona, Kairós, 2006]; Bill Plotkin, *Nature and the Human Soul*, San Francisco (CA), New World, 2008.

Y, sinceramente, creo también que nuestro corazón necesita romperse y abrirse, al menos una vez, para que podamos tener un corazón propio y también un corazón para los demás. Como dijo Simeón a María, «y a ti una espada te atravesará el alma, para que queden patentes los pensamientos de muchos corazones» (Lc 2,35).

Para mantener nuestros cuerpos menos defendidos, para vivir en nuestro cuerpo justo ahora, para estar presentes para los demás de una manera celular, se necesita también curar las heridas pasadas y los muchos recuerdos que parecen almacenarse en el cuerpo. El cuerpo parece que no para nunca de ofrecer sus mensajes, pero, afortunadamente, el cuerpo nunca miente, a pesar de que la mente no deja de engañarnos una y otra vez. Los practicantes del zen están suficientemente entrenados para ver esto con claridad. Es bastante revelador el que Jesús tocara físicamente a la gente cuando la curaba; sabía dónde se alojaban los recuerdos y las heridas, es decir, en el cuerpo como tal.

Un buen masajista conoce también el poder del toque sanador, algo que forma parte esencial de la función del sano encuentro sexual, del ejercicio, de la importancia de abrazar...; por eso es tan importante proteger a los niños de cualquier mensaje corporal negativo o amedrentador. El cuerpo sabe, el cuerpo recuerda.

Siempre me ha decepcionado enormemente que la religión cristiana sea la única que cree que Dios se convirtió en un cuerpo humano. Sin embargo, los cristianos hemos tenido unas actitudes muy deficientes y francamente negativas hacia la encarnación, el mundo físico, la sexualidad, las emociones, los animales, las prácticas físicas saludables (como por ejemplo el yoga) y la naturaleza en general. A veces me parece que el cristianismo occidental ha seguido más los pasos de Platón (el cuerpo y el alma están en guerra) que de Jesús (el cuerpo y el alma forman una misma cosa). Para muchos de nosotros, el cuerpo *se reprime y se niega* incluso más que la mente o el corazón.

El cuerpo es como el hijo del medio, al que se le suele hacer menos caso. Parece como si actualmente el cuerpo estuviera vengándose de esta postergación, como demuestra la manera compulsiva como se hacen muchas cosas: alimentación, sexualidad, anorexia, adicciones..., sin olvidar el generalizado desprecio por el planeta, los animales, el agua y la comida sana.[5] A todos los respectos, se diría que nos complacemos en ensuciar nuestro propio nido. Claro que, después de todo, a quién le importa realmente este nido: la salvación es simplemente «un plan de evacua-

5. Stephen Buhner, *The Fasting Path,* Nueva York, Penguin, 2003.

ción para el mundo venidero». Se ha creído muy poco en lo que ofrece la Biblia, que es a la vez un nuevo cielo y una nueva tierra (Ap 21,1).

Por eso la espiritualidad se centra en una continuada liberación de la cabeza, el corazón y el cuerpo hacia un pleno ver y vivir luminosos, y no en una mera «decisión mental por Jesús» (como si los sacramentos recibidos fueran una póliza de seguro a todo riesgo). La mayoría de las Iglesias de la cabeza no tocan el corazón, mientras que la mayoría de las Iglesias del corazón no se molestan por los problemas de la cabeza, y casi todas ellas hacen caso omiso del cuerpo, como si no contara para nada. Además, las Iglesias de la cabeza no suelen ser contemplativas, las Iglesias del corazón tienen poca discriminación o entrenamiento en las emociones más sutiles mediante las cuales vemos verdaderamente, con lo cual las personas del cuerpo o bien se han marchado de la Iglesia o, lo que es peor, están en la Iglesia pero no la toman en serio como algo real, urgente y maravilloso.

RECONECTAR CABEZA, CORAZÓN Y CUERPO

Si queremos llegar a creer que un Poder superior a nosotros mismos podría devolvernos el sano juicio, a dicha creencia deberemos llegar volviéndonos capaces de una *presencia simple, limpia y libre de estorbos*. Quienes puedan estar presentes al mismo tiempo con la cabeza, el corazón y el cuerpo encontrarán siempre *La Presencia*, ya la llamen Dios o de otro modo. Para la mayoría, estas destrezas se aprenden dejando que la vida venga según sus propios términos, sin que nosotros nos resistamos al maravilloso Misterio subyacente, que está por doquier y en todo momento, y que se nos ofrece también a nosotros. «Dios viene a nosotros disfrazado de nuestra vida», como dice en sus charlas y retiros la escritora y directora espiritual Paula D'Arcy.

Lo único que podemos hacer es mantenernos apartados, anotar y lamentar nuestras conductas defensivas, impedir que nuestros distintos centros se cierren, y solo entonces la Presencia, que es sin duda el Poder superior, nos resultará obvia, abarcadora e inmediatamente eficiente. El abrazo inmediato es algo que está solo del lado de Dios, la ineficiencia es cualquier momento que necesitamos para «llegar a creer», que es la lenta y gradual curación y la reconexión de cabeza, corazón y cuerpo a fin de que puedan funcionar como *una sola cosa*. Estos dos movimientos son cruciales: la curación de nosotros mismos y la curación de nuestra siempre limitada e incluso tóxica imagen de Dios. De por sí, esto suele reconectar las tres partes de nuestra humanidad, que se convertirán así en una terminal receptora maravillosa. La experiencia del «verdadero Dios» nos salva realmente, pues es siempre mejor que lo que creíamos que podíamos esperar o conseguir.[6]

Terminemos con una cita-bendición de san Pablo, el cual, ya en su primera epístola, sabe reconocer estas tres partes de la persona humana: «Que Él, Dios de la paz, os santifique totalmente, y que todo vuestro ser, el espíritu, el alma y el cuerpo, se mantenga irreprochable para la presencia de Nuestro Señor Jesucristo. Fiel es el que os llama, y lo realizará» (1 Tes 5,23).

6. Gerald May, *Addiction and Grace: Love and Spirituality in the Healing of Addictions*, Nueva York, HarperOne, 1988.

CAPÍTULO 3

Una dulce rendición

◆

Decidimos poner nuestras voluntades y nuestras vidas al cuidado de Dios, como nosotros lo concebimos.
Tercero de los doce pasos

◆

«¡Ea! Sedientos todos, venid a las aguas —aun quien no tenga dinero—, venid, comprad y comed, venid y comprad vino y leche gratis, sin pagar. ¿Por qué gastáis dinero en lo que no alimenta, y vuestra ganancia en lo que no sacia?».
Isaías 55,1-2

«Trabajad con temor y temblor en vuestra propia salvación. Pues es Dios quien, según su beneplácito, activa en vosotros tanto el querer como el obrar».
Filipenses 2,12-13

«Pedid y os darán, buscad y encontraréis, llamad y os abrirán. Porque todo el que pide, recibe; y el que busca, encuentra; y al que llaman, le abren».
Mateo 7,7-8

H ay quien piensa que el más útil de los relatos personales del *Libro grande* de AA
es el titulado «La aceptación fue la respuesta».
Sin duda a cada persona le impresiona, según
su propio temperamento, una frase y una fase
particulares de su «viaje» personal. Pero no cabe
duda de que el tercer paso (sobre la aceptación y
la rendición) es de los más sucintos y reveladores,
y uno de los que más van «al grano». En él encontramos un nuevo significado de la expresión «un
golpe de gracia» (o «eutanasia»). Pero, aunque
rendirse siempre se parezca un poco a morir, es
la senda necesaria para la liberación. Son muchos
los libros, algunos realmente excelentes, que se
han escrito estos últimos años sobre «el arte de
morir». Stephen Levine es el primero de la lista
(su libro lo escribió a principios de la década de
1980), pero actualmente otros muchos han ampliado este campo, que casi se está convirtiendo

61

en su propia fuente teológica.[1] Para mí, esto es una señal inequívoca de que estamos creciendo espiritualmente.

¡Cuánto trabajo nos cuesta a cada uno de nosotros *aceptar*... las cosas tal y como son, aceptarnos a nosotros mismos, a los demás, aceptar el pasado, nuestros propios errores y las imperfecciones e idiosincrasias de casi todas las cosas! Ello revela nuestra resistencia básica a la vida, la existencia de una terrible contracción en nuestro núcleo interno o —como me dijo una vez el sacerdote y escritor católico Henri Nouwen— «nuestra infinita capacidad para el autodesprecio». La aceptación no es, desde luego, nuestro punto fuerte, como sí parecen serlo la agresividad, la resistencia, la lucha o la huida. Pero ninguna de estas cosas tiene los profundos y duraderos resultados de una verdadera aceptación y de una pacífica rendición. La aceptación se convierte así en un tipo de poder extraño y fuerte donde los haya. Pero la rendición no es «claudicar», como se suele creer, sino más bien un «entregarnos» al momento, al acontecimiento, a la persona y a la situación.

Como reza el dicho, «eso a lo que resistes persiste». Esta idea ha inspirado a la mayor parte

1. Véase algo de Stephen Levine, junto con *The Grace in Dying* de Kathleen Dowling Singh, Nueva York, Harper-One, 1998, y Kerry Walters, *The Art of Dying and Living*, Maryknoll (NY), Orbis, 2011.

de las prácticas y movimientos no violentos; sin embargo, hasta bien entrado el siglo xx no nos dimos cuenta de que Jesús había dicho, hacía dos mil años, una frase sumamente desconcertante e incomprensible: «No ofrezcáis resistencia al malvado» (Mt 5,39). ¿Se puede considerar sabia o verdadera esta frase? ¿Por qué san Francisco, Gandhi y Martin Luther King Jr. la suscribieron, mientras que el resto de nosotros seguimos sin enterarnos de su verdadero contenido? Las mentes dualistas tienden a no enterarse de las grandes verdades espirituales; pero de esto hablaremos más adelante, en un capítulo ulterior.

Nuestro bloqueo, nuestra resistencia interior a «entregar nuestra voluntad», solo puede superarse mediante una *decisión*. Por lo general, no basta con un mero sentimiento, una mera idea o una cita bíblica como las expuestas más arriba. Es la voluntad propiamente tal, nuestra voluntad obstinada y autodestructiva la que debe convertirse y rendirse en primera instancia. Sabemos que no se rinde fácilmente, sino solo cuando se siente exigida por nuestros socios, parientes o hijos, o también por la salud u otras circunstancias. Esta «voluntad de poder» la descubrimos ya en los niños y adolescentes, en una fase en la que solo está gestándose. Cuando ya somos «adultos», pasamos a tomar el control y a configurar nuestra vida de una manera concreta. Por cierto, nuestra cultura no respeta a nadie que no «tenga el control».

Cada uno de nosotros tiene su propio programa interior para la felicidad, sus propios planes para garantizarse la seguridad, la estima y el control, y no nos damos cuenta de que estas cosas no pueden aguantar hasta el final... sin que nos convirtamos cada vez más en unos auténticos fanáticos del control. Debe de haber algo que rompa nuestra adicción primordial al poder personal y a los falsos programas de felicidad. He aquí, más o menos, el ciclo incestuoso del ego: «Quiero tener poder» → «quiero tener el control» → «quiero llevar siempre la razón → «¡mirad qué poderoso soy!». Este es el ciclo vicioso de la voluntad de poder. No crea a personas felices; ni nos hace felices a nosotros ni a quienes están a nuestro alrededor.

Una entrega fundacional de nuestra *voluntad de poder* es previa —y prioritaria— a cualquier sistema de creencias, sea el que sea. De hecho, yo diría que lo que hace que muchas religiones resulten tan inocuas, ineficaces e incluso tan poco interesantes es el hecho de que raras veces haya habido una concreta «decisión de poner nuestras vidas al cuidado de Dios», e incluyo aquí las vidas de muchas personas que van a misa, al templo o a la mezquita. Yo llevo toda la vida moviéndome entre círculos religiosos y he podido constatar que esta voluntad obstinada prolifera en monasterios, conventos, despachos diocesanos, entre sacerdotes y prelados, entre el laicado corriente y en todo tipo de reuniones y asambleas parroquiales o eclesiásticas. He de decir al respecto que, ya sea en círculos eclesiásticos, ya en círculos «seculares», he encontrado aproximadamente el mismo porcentaje de personas que ponen su voluntad al cuidado de Dios. Resulta bastante decepcionante el que se nos haya dado tan bien no ver lo más importante. En cuanto al «islam», palabra que significa, curiosa y precisamente, «rendición», parece costarle mucho trabajo rendirse a la verdad sobre el terrorismo, los suicidas con bombas y la voluntad de poder. La rendición religiosa, siento decirlo, suele ser más una rendición al estatus y al *statu quo* que a la verdad plena de una situación. Bill Wilson tuvo la suficiente sabiduría para dejar esto bien claro en el tercero de los doce pasos del programa.

Pero Jesús lo convirtió en el primer paso, al proclamar: «El que quiera venir en pos de mí, *niéguese a sí mismo*» (Mc 8,34; Lc 9,23 y Mt 16,4). ¿Es que no hemos oído esto nunca? Pues en todos los Evangelios se habla claramente de la necesidad de «negarnos a nosotros mismos». ¿Qué podía querer decir Jesús con un lenguaje tan absoluto e irresponsable? ¿Es lo que los budistas tratan de hacer en la meditación? ¡Pues sí, señor! Yo estoy convencido de que Jesús quiso decir exactamente lo que Bill afirma en el tercer paso: la rendición radical de nuestra voluntad a Otro, en quien confiamos más que en nosotros mismos. Los budistas dejaron de debatir sobre el nombre personal de a *quién* se rendían, pero suelen hacer mejor el *cómo* desprenderse de su ego mental y de sus necesidades de control. Se diría que los cristianos y los judíos dieron la espalda a esa renuncia fundacional.

EL MITO DEL SACRIFICIO

¿Sabéis cuál es el más corriente —por no decir casi universal— sucedáneo de renunciar a nuestra voluntad? Las personas muy entregadas lo han convertido en una forma de religión personal, y yo lo llamaré con el nombre de *«el mito del sacrificio heroico»*. La manera corriente de renunciar al yo, pero sin renunciar realmente al yo, es ¡ser *sacrificial*! Parece algo muy generoso, muy amoroso, y a veces lo es. Pero generalmente se limita a seguir girando en torno a uno mismo. Es el clásico gesto de la «primera mitad de la vida»,[2] que da al yo límites, identidad, superioridad, definición, admiración y un verdadero control de la escena.

¿Quién puede discutir con las personas sacrificiales? Estas han provocado la mayoría de las

2. Richard Rohr, *Falling Upward*, San Francisco (CA), Jossey-Bass, 2011.

guerras (y el romanticismo de la guerra) en toda la historia de la humanidad, a ambos lados. A quienes detentan el poder les viene bien que el pueblo llano crea a pies juntillas en el sacrificio, mientras sus propios hijos e hijas se libran de ir a la guerra y de trabajar en lo que sea. El «sacrificio personal» crea las Olimpiadas, el *ídolo americano*, muchos proyectos heroicos y a muchas personas maravillosas. Lo que pasa es que *no* es el Evangelio, sino su sucedáneo más corriente.[3]

Mirad, hay un amor que busca sinceramente el bien espiritual de los demás y otro que busca la superioridad, la admiración y el control como tal, incluso —y especialmente— haciendo «el bien» y cosas heroicas. Tal vez para captar mejor el problema debamos verlo en su vertiente más enfermiza. Los suicidas con bomba son sacrificiales, la mayor parte de las personas resentidas son muy sacrificiales en un nivel u otro, la madre manipuladora es invariablemente sacrificial, todos los codependientes son sacrificiales; es un fenómeno tan corriente que ha creado incluso un grupo llamado *al-anon*.

La «codependencia» era la enfermedad de quienes apoyaban —y contribuían a— la enfermedad ajena mediante lo que se llama una con-

3. S. Mark Heim, *Saved from Sacrifice: A Theology of the Cross*, Grand Rapids (MI), Eerdmans, 2005.

ducta «capacitante». A veces el capacitador está más enfermo que el alcohólico y no sabe qué hacer cuando este inicia un programa de recuperación. Al igual que todo sacrificio heroico, la conducta codependiente se disfrazó tan bien que no conseguimos ponerle nombre hasta el siglo pasado, y eso que se hallaba extendida por doquier. Los estudios acerca de la codependencia nos permitieron ver que el amor excesivo no es realmente amor, sino su disfraz, un disfraz astuto y espurio; digamos que es más bien desamor, no-amor o «amor» manipulador, el cual no puede verse ni abordarse, al ser tan malditamente sacrificial. Tenemos las manos atadas.

Los codependientes acaban siendo igual de enfermizos que los adictos, por mucho que se crean fuertes, generosos y afectuosos. El complejo de mártir revela el lado falso del amor; y sí, creo que también puede aplicarse a algunos mártires de la Iglesia. Algunos, varios de mis hermanos franciscanos incluidos, hicieron todo lo posible para que los demás los odiaran y mataran, y así poder ser sacrificiales y ser proclamados mártires y santos. No es de extrañar que Jesús dijera: «Si vuestra justicia no es mejor que la de los escribas y fariseos, no entraréis en el reino de los cielos» (Mt 5,20). En otras palabras, que hay una fase temprana de «justicia» (o «santidad») que parece la verdadera pero que no lo es: es la religión sacrificial de la que se vanaglorian los escribas y fariseos de cualquier laya o grupo.

Todos los zelotes y los «verdaderos creyentes» suelen ser inmensamente sacrificiales en un nivel muy visible, consiguiendo engañar a casi todo el mundo. «Yo me sacrifico obedeciendo estas leyes y asistiendo a estos servicios o incluso sirviendo a los pobres» y siendo más heroico que vosotros, suelen pensar. Generalmente, con esta «obediencia» heroica no aman a Dios ni a los demás, sino que buscan meramente para sí mismos un elevado estrado moral y la estima social que lleva aparejada (véase Lc 18,11-12). O, como dice Pablo: «[...] y si entrego mi cuerpo a las llamas, pero no tengo amor, de nada me sirve» (1 Cor 13,3). *En mi opinión, casi toda religión espuria es sumamente sacrificial de una u otra manera, pero en absoluto es amorosa.* Sin embargo, consigue engañar a casi todo el mundo. No voy a dar nombres, pero seguro que podéis adivinarlos.

Es un disfraz muy corriente en todas las religiones del mundo. Los fariseos judíos son solamente nuestro representante en el nivel más bajo, mientras que el judío Jesús es nuestro representante en el nivel más elevado. Jesús defiende el pleno amor a Dios y al próximo, y añade: «[...] esto vale mucho más que todos los holocaustos y sacrificios» (Mc 12,33). A este respecto, suele citar al profeta Oseas (6,6), por ejemplo cuando dice: «Id, pues, y aprended qué significa *Amor quiero y no [vuestros malditos] sacrificios*». Lo cita en varios contextos para impugnar a los que son rectos, enjuiciadores, y a los tipos beaturrones que lo juzgan a él y a sus discípulos por no ser suficientemente «sacrificiales».

El genio de los doce pasos

Lo absolutamente genial de los doce pasos es que se oponen a bendecir y recompensar todo lo que parezca un mero juego de méritos morales o de mera fuerza de voluntad, por heroica que sea. Este programa ha sabido reconocer lo falso y lo postizo, que «exhibe en público espectáculo, incorporándolos a su cortejo triunfal» (Col 2,15). Haciendo gala de una gran lucidez y de especiales dotes para interpretar el Evangelio, AA sostiene que el punto de partida y, para el caso, el punto de continuación, *no es ningún tipo de mérito sino más bien de demérito* («¡yo soy alcohólico!»). De repente, la religión pierde toda capacidad para el elitismo y se vuelve democrática hasta los tuétanos. Esto es lo que dijo Jesús al hablar de las prostitutas, los borrachos y los publicanos (recaudadores de contribuciones), y lo que corroboró Pablo cuando dijo: «[...] porque cuando me siento débil, entonces soy fuerte»

(2 Cor 12,10). Cuando las Iglesias se olvidan de este mensaje evangélico, el Espíritu Santo se mete por cualquier tipo de conducto o rejilla de ventilación que encuentra. Las reuniones de AA han sido unas redes o conductos muy buenos en este sentido, al permitir que entre aire fresco en muchas iglesias que olían a cerrado y a moho.

El falso sacrificio en realidad no es sino la evitación del verdadero «renunciar» al yo, aunque pueda parecer un acto generoso o abnegado. Esto lo podemos descubrir también en la insistencia de Jesús en que el templo debe desaparecer. El templo es la metáfora de la religión sacrificial en tiempos de Jesús, y nos permite ver por qué expulsó de manera tan enérgica a los animales encerrados allí para el sacrificio y denostó con tanta fuerza el «vender y comprar» a Dios (Mt 21,12), rasgo característico de la mente sacrificial. Por eso Jesús se burla de la gente que echa «mucho» dinero en el «tesoro» del templo (Mc 12,41) y alaba a la viuda que se desprende de su «óbolo» («todo lo que tenía para vivir»). Como dijo atinadamente el filósofo y escritor francés René Girard,[4] Jesús vino para proclamar la muerte de... ¡toda religión sacrificial! Acabó con ella «ofreciéndose a sí mismo de una vez para

4. René Girard, *The Girard Reader*, Nueva York, Crossroad, 1996, pp. 69 ss.

siempre» (Heb 7,27), y «derogó el primer sacrificio para poner en vigor el segundo» (Heb 10,9). Una vez que hemos visto esto, es muy difícil *no* seguir viéndolo ya el resto de nuestra vida.

La religión sacrificial quedó desenmascarada en la respuesta que dio Jesús a cualquier noción de religión mecánica o mercenaria, pero pronto volvimos a ella en distintas formas (católicas, ortodoxas o protestantes), pues el viejo ego siempre prefiere una economía de mérito y sacrificio a una economía de la gracia y del amor inmerecido, donde no tenemos ningún control. La primera economía nos hace sentirnos heroicos y dignos; la segunda, unos «necios» por Cristo. Como dice Pablo, «lo plebeyo y despreciable lo escogió Dios para destruir lo que cuenta» (1 Cor 1,17-31). Yo sé que Pablo pudo decir a veces cosas un tanto raras, pero es indudable que entendió —y enseñó— perfectamente la verdadera médula del Evangelio. ¡Y aquí la tenemos!

No tiene nada de extraño que no pudiéramos «poner nuestras voluntades y nuestras vidas al cuidado de Dios, como nosotros lo concebimos», pues entendimos el amor de Dios ¡como una mera transacción o *quid pro quo*! Mientras el viaje espiritual fue un concurso de méritos morales, ninguno de nosotros se sintió digno, preparado o capaz de seguir adelante. Y los que consiguieron seguir adelante fue porque se escindieron

y negaron su propio ego y su propia sombra, y
después lo impusieron a los demás.

«TAL Y COMO NOSOTROS LO CONCEBIMOS»

Hemos desperdiciado muchos años debatiendo
sobre qué Dios era el mejor, o el verdadero, en
vez de salir realmente al encuentro del *siempre mejor y verdadero Dios del amor, el perdón y la misericordia*. AA tuvo la suficiente inteligencia para evitar
este escollo innecesario diciendo simplemente:
«Dios tal y como nosotros lo concebimos», con-
fiando en que todos los necesitados de misericordia, como es el caso de los adictos, además de
necesitarlo encontrarían a un Dios misericordioso.
Si no encontramos este sanador Poder superior,
todo el proceso quedará tristemente paralizado,
pues solo podemos mostrar misericordia si esta se
nos ha mostrado antes a nosotros (Lc 6,36-38).
Solo podemos vivir dentro del flujo de la misericordia si hemos permanecido bajo la incesante
cascada del tan necesitado perdón. *Solo un agradecimiento hora tras hora tiene la fuerza suficiente
para superar toda tentación de resentimiento.*

No pongamos nunca nuestras voluntades y
nuestras vidas al cuidado de un Dios que no sea
amoroso y misericordioso. ¿Por qué íbamos a hacerlo? Pero ahora que ya lo sabemos, *¿por qué no*

vamos a hacerlo? Lo que, llegados a este punto, nos debe motivar no es el sacrificio ni tampoco el resentimiento que suele acompañar a lo sacrificial.

Friedrich Nietzsche, el famoso filósofo alemán, dijo que lo que más le molestaba de la mayoría de los cristianos era lo que él percibía como un constante y subyacente *resentimiento*, (1) un negado resentimiento hacia Dios por exigir sacrificio, (2) hacia los demás por no apreciar nuestro sacrificio, (3) por sacrificarse tanto como nosotros nos sacrificamos, y (4) un resentimiento también hacia los demás ¡por no tener que sacrificarse! Hay muchas pruebas de esta postura pasiva-agresiva en muchas personas religiosas, si bien no en todas, a Dios gracias.

Nos podemos considerar agraciados con una rendición verdaderamente dulce si podemos *aceptar radicalmente ser radicalmente aceptados, y ¡gratis!* «¡De lo contrario, la gracia dejaría de ser la gracia!» (Rom 11,6). Como dijera mi padre san Francisco, cuando el corazón es puro, «el Amor responde solo al Amor» y tiene poco que ver con la obligación, los requisitos o cualquier asunto de índole heroica. Es fácil rendirnos cuando sabemos que al otro lado no hay sino Amor y Misericordia.

CAPÍTULO 4

Una buena lámpara

◆

**Sin miedo hicimos un minucioso inventario moral
de nosotros mismos.**
Cuarto de los doce pasos

◆

«No está tu complacencia en sacrificios para que yo te
ofrezca, ni quieres tú holocaustos. Mis sacrificios, Señor,
habrán de ser mi espíritu contrito: el corazón contrito
y humillado, tú, Señor, no lo desprecias».
Salmos 51,18-19

«Pero si tenéis amarga envidia y rivalidad
en vuestro corazón, dejad de engreíros
y no mintáis contra la verdad».
Santiago 3,14

«Velad y orad, para que no cedáis en la tentación;
el espíritu está dispuesto, pero la carne es débil».
Mateo 26,41

E l cuarto paso suele ahuyentar a quienes crecieron en familias con un elevado sentido moral o recibieron una educación religiosa muy estricta. Están tan cansados de juzgarse —y del consiguiente juzgar a los demás— que por lo general se resisten a «hacer sin miedo cualquier inventario moral». Sin duda esto no les funcionó en el pasado, sino que los volvió más preocupados por sí mismos—y además de manera negativa—. El dicho «el análisis es parálisis» se puede aplicar a muchas personas.

En efecto, yo estoy convencido de que algunas personas se ven empujadas a las adicciones para calmar su constante voz interior, una voz crítica que para ellas constituye un motivo más por el que odiarse a sí mismas.[1] ¡Ah, qué círculo tan vicioso

1. «Discharging Your Loyal Soldier», *webcast* (retransmisión vía internet) del CAC, 2010, cacradicalgrace.org.

y, sin embargo, tan habitual! Las voces demasiado exigentes —que se han interiorizado— de un padre o una madre, una cultura rígida o una Iglesia regañona persisten mucho después de haber desaparecido los padres, habernos mudado a otro país o haber abandonado la Iglesia. Ahora que ya estamos solos, el problema somos nosotros mismos. Esto es el valor final de un inventario moral. El escrutinio moral no es descubrir si soy bueno o malo y recuperar un elevado nivel moral, sino iniciar un sincero «acotar la sombra», algo que se halla en el núcleo mismo de todo despertar espiritual. «La verdad os hará libres», dice Jesús (Jn 8,32); por supuesto, pero antes suele hacernos unos seres miserables. Los escritores espirituales medievales llamaban a esto «compunción», es decir, la tristeza y humillación que resultan de ver nuestras faltas y debilidades. Si no confiamos en un Amor más grande, ninguno de nosotros tendrá valor para ir dentro (ni tampoco deberíamos tenerlo). Se trata simplemente de una necia escrupulosidad (2 Tim 3,6), no del maduro desarrollo de una conciencia personal o social.

La gente accede a una conciencia más profunda *mediante luchas intencionales con las contradicciones, los conflictos, las inconsistencias y las confusiones interiores,* o con lo que la tradición bíblica denomina el «pecado» o falta moral. Empezando con Adán y Eva, parece que siempre hay una necesaria «transgresión» que pone en movimiento todo el relato humano. En la brillante exposición que hace Pablo de la función espiritual de la ley, en su Carta a los romanos, nos dice que «la ley intervino para que se multiplicaran las faltas». ¡Ahí es nada! Y luego añade: «[...] pero para que sobreabunde mucho más la gracia» (5,20-21). *Dios se deleita en el vacío, pues sabe que solo él puede llenarlo.* Santa Teresita de Lisieux llamaba esto su «pequeña manera», que no es otra cosa que el Evangelio puro y simple. El versículo «¿Hay alguien inexperto? ¡Venga por aquí!» (Proverbios 9,4) se convirtió en su mantra y su mensaje personales.

En otras palabras, la meta no es la completa evitación de todo pecado, lo cual no es por cierto posible (1 Jn 1,8-9; Rom 5,12), sino la *lucha como tal*, así como el encuentro y la sabiduría que de ella emanan. La ley y la inobservancia crean el contraste, el cual crea el conflicto, el cual conduce a un tipo de victoria distinto del que espera cualquiera de nosotros. No se trata de una completa victoria moral ni de una superioridad moral, sino de la *luminosidad de la conciencia y la compasión por el mundo*, las cuales sí devienen en nuestra verdadera victoria moral. Tras treinta años de perfecta recuperación, los alcohólicos siguen siendo imperfectos y todavía alcohólicos, y esto lo saben. Este saber es decisivo. Pablo se atreve a decir que «Dios incluyó a todos por igual en la desobediencia, a fin de tener misericordia de todos» (Rom 11,32). Esto parece una trampa divina, pero no: más que una situación perdedora parece una situación «perdedora-ganadora» o mejor «ganadora-ganadora». No es un callejón sin salida ni una doble cadena sino una doble liberación. No es de extrañar, pues, que a esto lo llamaran la verdadera «buena noticia». Dios nos ha incluido a todos dentro de su gracia y ha encerrado todas las cosas humanas en una constante necesidad de misericordia.

Así, este acotar la sombra («hacer sin miedo un inventario moral») busca la verdad, la humildad y la generosidad de espíritu; no es un vengarnos del yo ni un salir victoriosos del yo. Ver y nombrar nuestras verdaderas faltas no es tanto un regalo para nosotros —que también lo es— como para quienes nos rodean. Como me dijo mi maestro de novicios cuando yo era un joven franciscano, «debemos ponerles fácil a los demás el que nos amen». ¡Estoy seguro de que yo necesitaba urgentemente aquel consejo! A las personas que son más trasparentes y reconocedoras de sus puntos ciegos y defectos de carácter nos resulta más fácil amarlas y estar con ellas. Ninguno de nosotros necesita o espera encontrarse con personas perfectas a su alrededor; en cambio, todos queremos a las personas que se muestran francas y sinceras respecto a sus errores y limitaciones, una actitud que —esperamos— les ayuda a ser mejores.

Es absolutamente necesario un constante acotar la sombra

Yo creo que los humanos están «creados a su imagen, semejante a Dios» (Gn 1,26), pues esto es lo que Dios parece querer también: una simple sinceridad y humildad. No hay otra manera de leer los relatos de Jesús sobre el hijo pródigo (Lc 15,11-32) o el publicano y el fariseo (Lc 18,9-14). En cada uno de estos relatos, el que se ha portado mal acaba siendo el bueno simplemente por haber sido franco y sincero respecto a lo que hizo. ¿Cómo hemos podido no ver este aspecto tan importante? Sin duda porque el ego siempre quiere pensar bien de sí mismo y negar cualquier material-sombra. Solo el alma sabe que crecemos mejor en un territorio-sombra. Los humanos estamos ciegos tanto a plena luz como en plena oscuridad, pero «esta luz resplandece en las tinieblas, y es una luz que las tinieblas no pueden vencer» (Jn 1,5). En las tinieblas siempre encontramos la luz y suspiramos por más luz.

Nuestro yo-sombra no es el yo malo. Es esa parte de ti que tú no quieres ver, nuestro yo inaceptable por causa de la naturaleza, la educación o de una elección personal. Ese trozo de ceguera elegida, que AA llama «negación», es lo que nos permite hacer cosas malas y crueles sin reconocerlas como tales. Así, es absolutamente necesario un constante acotar la sombra, pues todos tenemos un yo-sombra negado. Todos tenemos algo que no podemos ver, no queremos ver o no nos atrevemos a ver. Algo que destruiría nuestra imagen pública y personal.

Cuanto más nos apeguemos a cualquier *persona* (en griego «máscara teatral»), mala o buena, a cualquier imagen elegida y favorita, más yo-sombra tendremos. Por eso necesitamos absolutamente los conflictos, las dificultades en la relación, las faltas morales, las derrotas de nuestra grandiosidad e incluso enemigos aparentes para poder descubrir o seguir la pista de nuestro yo-sombra. Son nuestros espejos necesarios. ¿No nos parece esto una sorpresa? E incluso entonces solemos captarlo con el rabillo del ojo en un momento de visión agraciada, en un momento de regalada libertad interior.

Esto tiene mucho que ver con otra cita maravillosa de Jesús, quien parece como si se hubiera adelantado dos mil años a la moderna psicología profunda y al cuarto paso que estamos tratando aquí. Escuchemos lo que dice: «¿Por qué te pones a mirar la paja en el ojo de tu hermano y no te fijas en la viga que tienes en el tuyo? ¿O cómo eres capaz de decirle a tu hermano "deja que te saque la paja del ojo" cuando tienes tú una viga en el tuyo? ¡Sácate primero la viga del ojo, y entonces verás claro para poder sacar la paja del ojo de tu hermano» (Mt 7,3-5).

El cuarto paso versa principalmente sobre la necesidad de ver nuestra paja primero, a fin de dejar de culpabilizar, acusar y negar, desplazando así el problema. Versa sobre la necesidad de *ver* de una manera verdadera y plena. Reparemos en que aquí Jesús no alaba la buena conducta moral ni critica la conducta inmoral, como podríamos esperar de un maestro superior, sino que habla más bien de *algo atrapado en el ojo*. Sabe que si *vemos* bien, las acciones y la conducta terminarán cuidándose a sí mismas. El juego termina cuando vemos claramente, pues el mal solo tiene éxito si se disfraza de bueno, de necesario, de útil. Nadie hace el mal conscientemente. El hecho mismo de que cualquiera pueda hacer cosas estúpidas, crueles o destructivas demuestra que en ese momento no es *consciente ni recapacita*. Pensemos bien en esto: el mal procede de una falta de consciencia.

Jesús dice también un poco antes: «El ojo es como la lámpara del cuerpo. Si tu ojo está sano, todo tu cuerpo estará iluminado; pero si tu ojo está enfermo, todo tu cuerpo quedará en tinieblas. Y si la luz que hay en ti es tinieblas, ¡qué densas serán las tinieblas!» (Mt 6,22-23). El cuarto paso versa sobre la conveniencia de crear una lámpara buena y fiable dentro de nosotros, que refleje y revele lo que está realmente allí, sabiendo que «todo lo que está al descubierto es luz» (Ef 5,13). En cierto modo, *la bondad se transfiere mediante el resplandor, el reflejo y la resonancia con otra bondad* más que mediante cualquier acto de autorrealización. Nosotros no nos levantamos a nosotros mismos, sino que somos levantados.

Dios no destruye el mal directamente, como les gustaría imaginar a nuestras mentes heroicas y dualistas. Dios es mucho más sabio: no desperdicia nada y lo incluye todo. El Dios de la Biblia es el que transmuta y transforma nuestros males en *un bien personal más perfecto*. Dios se sirve de nuestros pecados ¡en nuestro favor! Dios nos lleva —a través de nuestros defectos— de la inconsciencia a una conciencia y una consciencia cada vez más profundas. ¡Cómo no va a ser esto una buena noticia para todo el mundo!

CAPÍTULO 5

Rendir cuentas es sostenibilidad

◆

**Admitimos ante Dios, ante nosotros mismos
y ante otro ser humano la naturaleza exacta
de nuestros defectos.**
Quinto de los doce pasos

◆

«Mientras quise callar, mis huesos se gastaban en llanto
todo el día, mientras tuve tu mano pesando día y noche
sobre mí, mi humor se consumía en ardores de verano.
Te confesé mis faltas y no encubrí mis culpas».
Salmos 32,3-5

«Confesaos, pues, los pecados unos a otros,
orad unos por otros para ser curados».
Santiago 5,16

«A quienes perdonéis los pecados, les quedarán
perdonados; a quienes se los retengáis,
les quedarán retenidos».
Juan 20,23

Casi todas las religiones y culturas que conozco han creído, de una u otra manera, que el pecado y el mal deben castigarse, y exigirse retribución al pecador en este mundo —y generalmente también en el venidero—. Estamos aquí ante un sistema dualista: recompensa y castigo, chicos buenos y chicos malos, un sistema que casa a la perfección con el sentido del ego. Yo lo llamo la economía normal del mérito (o «meritocracia»), y es lo mejor que saben hacer las cárceles, los juzgados, las guerras, los abogados e incluso la mayoría de las Iglesias, las cuales deberían conocer alguna alternativa mejor.

En cambio, la revelación que nos llega de la cruz y de los doce pasos proclama que los pecados y las faltas constituyen, más bien, *el marco y la oportunidad ideales para la actual transformación e iluminación del ofensor* —y el futuro que se las apañe como sea—. Este misterio, que tiene mucho sentido para el alma, es enteramente una «economía de la gracia», que solo cobra pleno sentido para quien la ha experimentado.

El primer sistema citado es un sistema de *justicia retributiva,* un sistema que ha dictado el guion del 99 por ciento de la historia. Este segundo, en cambio, se llama *justicia reparadora,* y ha ocupado siempre una posición minoritaria, aunque sea el marco más apropiado —a la par que revolucionario— del que Jesús nos habló claramente antes, durante y después de la crucifixión. Al parecer, la historia no podía ver lo que no estaba predispuesta a ver; pero, afortunadamente, en nuestros días son cada vez más quienes se muestran dispuestos a —y deseosos de— comprender el verdadero mensaje de Jesús. ¡Por qué no creer que se está dando una evolución en la conciencia humana y espiritual de la gente! La «dinámica espiral» es uno de los hermosos intentos actuales por describir esta evolución de la conciencia. Otros intentos se podrían llamar con los nombres de «el gran vuelco», «el gran cambio», «teoría integral» o «el trabajo». Todos ellos reconocen que la historia está moviéndose hacia delante, aunque a menudo a empellones y dando algún que otro paso atrás.

Como suelen decir los terapeutas, *no podemos curar lo que no reconocemos,* y lo que no reconocemos conscientemente se queda controlándonos desde dentro, enconándonos y destruyéndonos no solo a nosotros sino también a todos los que están a nuestro alrededor. En el dicho 70 del *Evangelio de Tomás,* el favorito de mucha gente, se hace decir a Jesús: «Si sacáis lo que hay dentro de vosotros, esto os salvará. Si no lo sacáis, os matará». En el quinto de los doce pasos, se pone en marcha una tecnología muy parecida para la curación y la reparación, una estructura clara de responsabilización destinada a conocer, decir y oír toda la verdad, con lo cual esta no «mata» a los adictos ni a los otros. Es sin duda el mejor tipo de «retribución», el único que ayuda realmente a ambas partes a nivel espiritual.

UN ENCUENTRO DIRECTO CON EL AMOR DE DIOS

Cuando los seres humanos «admiten» ante otro «la naturaleza exacta de sus defectos», invariablemente se produce un encuentro humano y humanizador que enriquece profundamente a ambas partes ¡e incluso les suele cambiar la vida para siempre! No es un ejercicio destinado a alcanzar la pureza moral o recuperar el amor de Dios, sino un encuentro directo *con* el amor de Dios. No se trata de castigar a una parte sino de liberar a ambas.

Obviamente, si seguimos dentro de la economía del mérito, que es un universo del *quid pro quo*, esto nos gustará muy poco (es precisamente la razón por la que hemos tardado tanto en llegar hasta aquí). La economía de la gracia fue perfectamente ejemplificada, tras la caída del *apartheid* en Sudáfrica, por la «Comisión de la Verdad y la Reconciliación» de Desmond Tutu, en la que todos tenían que cargar con su responsabilidad —personal y pública— por los errores cometidos, pero no por mor de cualquier castigo, sino por mor de la verdad y la curación. Como allí se decía, *la curación se produce desnudando —y soportando— la verdad públicamente*. Esta idea, que parece revolucionaria e inaudita en la historia humana, es, sin embargo, totalmente bíblica: la encontramos ya en el profeta Ezequiel durante y después del Exilio, y la expone y vive de manera dramática el propio Jesús.

Ezequiel pone los cimientos bíblicos del habla sincera, de la responsabilización total y de la justicia reparadora. Para él, la argamasa que lo mantiene todo unido es el hecho de que Yahvé sea fiel al Yo de Yahvé y no *reaccione* a las faltas humanas (de lo contrario, Dios no sería libre, como diría mucho después el escolástico franciscano Juan Duns Escoto). Para Ezequiel, Dios siempre actúa con total libertad desde su sinceridad divina y desde la fidelidad unilateral a su pacto con Israel, independientemente de que este cumpla con lo pactado o no. Esto se convertirá en el tema fundacional de la gracia radical, sin la cual «la gracia no sería gracia» (Rom 11,6).

Hablando por boca de Yahvé, Ezequiel dice: «Yo actúo con vosotros por consideración a mi nombre y no según vuestra mala conducta y vuestras depravadas acciones» (20,44). Cuando Israel peca, y las mentiras quedan expuestas como una ramera desnuda, Yahvé ama a Israel más y a niveles más profundos todavía (16,1-63). Yahvé utiliza aquí seis veces la palabra *reparar* para describir cómo «castigará» a Israel, a su enemiga Samaria y a su vilipendiada Sodoma. En Ezequiel tenemos a un Yahvé que ama y libera maravillosamente a todas las partes implicadas. El «castigo» de Yahvé a Israel consiste en amarlo, perdonarlo y cumplir su parte de la alianza para siempre, lo que reduce a Israel a «vergüenza, silencio y confusión» (16,63) (¡lo que, por cierto, se convertirá en la noción medieval de purgatorio!)

A mí me ha parecido siempre que Pablo dice exactamente lo mismo cuando, citando los Proverbios, afirma que debemos dar comida y bebida a los enemigos, con lo que «amontonamos brasas encendidas sobre su cabeza» (Rom 12,20). Con ello nos invita a «resistir al mal, y dominarlo con el bien», como leemos en el versículo siguiente (12,21). ¿Habéis visto alguna vez la mirada intimidada y abochornada por la vergüenza y el autorreconocimiento en la cara de alguien que se ha visto amado gratuitamente tras haber hecho claramente el mal? Así es como Dios nos seduce a todos para que entremos en la economía de la gracia: amándonos a pesar de nosotros mismos y en los mismos aspectos en que no podemos, no queremos o no nos atrevemos a amarnos a nosotros mismos.

Dios resiste a nuestro mal y lo vence con el bien. ¡¿Cómo podría Dios pedirnos lo mismo a nosotros?! Pensemos en esto. Dios nos asombra, nos deja pasmados, para que entremos en el amor. *Dios no nos ama si cambiamos, Dios nos ama a fin de que podamos cambiar.* Solo el amor efectúa la verdadera transformación interior, no la coacción, la culpa, la excomunión o la presión social. El amor no es amor si no es totalmente libre. La gracia no es gracia si no es totalmente libre. Cabría pensar que los cristianos saben esto de sobra, pero parece que todavía sigue siendo un secreto del alma.

El paradigma habitual, y consabido, del ego es el siguiente:

pecado ⟶ castigo ⟶ arrepentimiento
⟶ transformación

92

Este paradigma aparece totalmente recalibrado en Ezequiel, tras haber experimentado la perfección del amor de Yahvé por Israel, que siempre es la piedra de toque purificadora. En Ezequiel, el paradigma queda radicalmente cambiado y se convierte en:

pecado ⟶ amor incondicional ⟶ transformación
⟶ arrepentimiento

Con lo cual nuestra ahora «avergonzada y humillada cara» es nuestro castigo y conversión permanentes. La gracia es siempre un castigo para nosotros.

A través de metáforas cada vez más rotundas y virulentas, el profeta Ezequiel *descalifica* primero a Israel por considerarlo indigno de cualquier amor a causa de su completa infidelidad, pero lo *recalifica* después por completo a causa del totalmente unilateral «pacto de amor» de Dios. Ya se asemeje a los pastores que cuidan de sí mismos (capítulo 34), ya a una prostituta (capítulo 16), ya a un valle de huesos secos (capítulo 37), en cada caso Yahvé lo *castiga* ¡amándolo más aún! Yahvé dice también esto por boca de Ezequiel: «Yo no me complazco en la muerte del malvado, sino en que el malvado se convierta de su conducta y viva. Convertíos, convertíos de vuestra mala conducta. ¿Por qué queréis morir, casa de Israel?» (33,11). *Israel es, por supuesto, la metáfora y el símbolo vivos del alma individual y de toda la historia.* Si este es el verdadero paradigma, como creo que sin duda lo es, ¡qué gran esperanza para todos nosotros!

EL SACRAMENTO DE LA CONFESIÓN COMO SISTEMA DE RENDICIÓN DE CUENTAS O RESPONSABILIZACIÓN

Me gustaría ilustrar estos dos paradigmas del mérito y la gracia comparando el sacramento eclesial de la reconciliación con el quinto paso de AA.

La rendición de cuentas y la curación se consideraron algo tan necesario en la historia del cristianismo que se convirtió en una función específica de la comunidad e incluso en un «sacramento». Había que entrenar a alguien para que se hiciera cargo de la basura, la ventilación, la limpieza y la absolución que los humanos siempre necesitan. Alguien tenía que estar preparado para sentarse en el «propiciatorio» (Éx 25,17-22) y declarar con autoridad que lo que Dios ha perdonado nadie lo puede recriminar ya, ni a sí mismo ni a los demás. Nuestros juicios no son más importantes que los de Dios. Como se trata realmente de un propiciatorio, y no de una sala de juicio, la gente sale cambiada, y a menudo de

94

manera espectacular. Nuestra tendencia *a resistir, dudar y negarnos el perdón a nosotros mismos* hizo necesario que una sola persona hablara y actuara con absoluta autoridad por el bien del alma: «Yo te anuncio en nombre de Dios, y con la autoridad del Espíritu Santo, que todos tus pecados te son perdonados», podría decir el confesor. Parece como si tuviera que haber un espejo humano que reflejara la invisible mirada divina, especialmente si tenemos la cabeza y el cuerpo inclinados por la vergüenza.

El sacramento oficial de la reconciliación, o «confesión», quedó sometido a las reglas del secreto más estricto y también al anonimato, si el penitente así lo elegía, para que este se sintiera absolutamente seguro y capaz de ser completamente vulnerable. Yo, que conozco esto desde ambos lados del confesionario, sé que puede ser un poderoso espacio liminal tanto para el penitente como para el confesor. Algunos terapeutas me han dicho que darían cualquier cosa por lograr la misma confianza y ternura en un encuentro de a veces solo cinco minutos. El poder de la relación nos permite curar mucho en poco tiempo, y hacer mucho daño si no tenemos una actitud compasiva en el propiciatorio. Este es el poder especial de la autoridad espiritual, tan necesitado en los hitos clave de nuestra vida. ¡Qué suerte tienen esos cristianos!

Lo que pasa es que no hemos sido del todo sinceros con la manera como Jesús ofreció a su pueblo este don de la confesión y de la rendición de cuentas. Se diría que en esto nos hemos aprovechado del *no*-conocimiento de la Biblia por parte de la mayoría de los católicos. El texto citado más arriba, en el epígrafe, que suele ser el texto clásico para «demostrar» el poder del sacerdote para perdonar los pecados, iba en realidad dirigido al grupo más amplio de «los discípulos» (Jn 20,19-20) y no específicamente al grupo más pequeño de «los doce». En otras palabras, Jesús dio a toda la comunidad este don y esta misión, que hasta mucho después no pasaron a manos de una autoridad espiritual específica, la cual, al parecer, los quería y necesitaba de manera especial.

Cuando estudiamos la historia de nuestro sacramento de la reconciliación, descubrimos que, para la mayoría de los que vivieron en los primeros siglos, era un acto público celebrado en festividades especiales, en las que solo el obispo tenía autoridad para imponer a toda la comunidad la penitencia y conceder el perdón de Dios. Ahora llamaríamos esto con el nombre de «confesión general», y resulta que *lo que fuera en su tiempo la norma está ahora generalmente prohibido*. Fueron los rebeldes monjes celtas, amonestados por Roma, quienes se arrogaron primero esta función porque el pueblo solicitaba que el sacramento se hiciera vis a vis y estuviera disponible siempre y en todo lugar.[1]

En sus momentos de vergüenza y duda, la gente corriente necesitaba un *anamchara* o «amigo del alma». Así, lo que fuera condenado como una veleidad de los irlandeses se convirtió poco después, en la época del Concilio de Trento, que concluyó en 1563, en la *única* manera de perdonar los pecados: una privada confesión auricular de los pecados (número e índole), en la que se debía revelar también si se había pecado «solo o con el prójimo». Esta norma ha estado vigente para los católicos durante al menos cinco siglos, con lo que limitamos el poder de «atar y desatar» a un pequeño grupo, en vez de otorgarlo a todo el grupo (Mt 18,18). Esto refleja también sin duda el nivel de conciencia de la época, que era más de índole «mágica» que el posterior (y actual) nivel «relacional» y mutual, como revelan los estudios actuales sobre la «dinámica espiral».

Así, desapareció la comunidad sanadora y perdonadora, y los yerros y daños dejaron paso a una noción del pecado más vertical y privada. Confesar los pecados se convirtió en una noción en su mayor parte cosmética y conductual, salvo

1. Joseph Martos, *Doors to the Sacred*, Norwich (UK), SCM, 1981, pp. 307 ss.

para las personas que cometían delitos graves (las cuales, de todos modos, raras veces iban a confesarse). Pero si Dios solo ha perdonado los pecados de quienes han recibido el sacramento católico propiamente tal, entonces —creo— se puede decir que el 99,999 por ciento del pecado humano ha quedado sin perdonar por Dios. Lo cual no puede ser verdad. En la práctica real, la confesión católica se convirtió en un piadoso ejercicio devocional que tenía poco que ver con el desarrollo de la verdadera conciencia y de una madurez social.

Toda noción de pecado social, es decir, las ofensas contra el bien común, la familia, el vecindario, el resto de la creación o el futuro del planeta quedaron relegadas en favor de unos cuantos pecados «calientes» o «escabrosos» y de una interminable lista de trivialidades de las que apenas nos sentíamos culpables. La mitad de las confesiones tenían por objeto «no haber ido a misa los domingos». Recuerdo lo que solíamos decir al respecto: que oír el 90 por ciento de las confesiones era como ¡ser lapidados con bombones! Para los recipiendarios, era como la ducha del sábado por la tarde; pero con ello se solía buscar, y encontrar, más una pureza moral que una madurez moral. Se alentaron las confesiones «con arreglo a la norma», mientras muchos católicos llevaban una vida de avariciosos, materialistas, revanchistas, infieles y belicosos, no muy distinta a la de muchos otros.

Pero, a diferencia de las prácticas del quinto paso, esto no fomentó las relaciones de compañerismo en la comunidad ni en la familia. Escamoteamos las necesarias disculpas, el diario reconocimiento de las faltas y la solicitud de perdón cara a cara y acudimos a una tercera instancia no implicada. Resultó bueno y útil en algunos casos, pero por lo general no curó ni restauró las verdaderas relaciones humanas en ningún nivel práctico.

Por su parte, el quinto paso trató de remediar estas deficiencias según su manera sincera y práctica, y restituyó la confesión en sus tres niveles: Dios, el yo y al menos otro ser humano. Restituyó el misterio del perdón al lugar donde Jesús lo había ofrecido al principio: a la confesión y al mutuo asesoramiento. Asimismo, impidió que nadie se escabullera fácilmente; antes bien, insistió en la necesidad de compartir «la exacta naturaleza de nuestros defectos». Así, restauró la noción de la responsabilización comunitaria y de la responsabilidad individual por las faltas y los errores cometidos.

Restablecer las relaciones, la sinceridad conmigo mismo y la comunión con Dios

El quinto paso se halla en las antípodas de cualquier noción de justicia retributiva, es decir, de eso en lo que tantas veces se convirtió el sacramento de la «penitencia», y volvió a la noción mucho más bíblica de justicia reparadora, es decir, restaurar las relaciones propiamente tales, la sinceridad conmigo mismo y el sentido de la comunión con Dios. «Recite como penitencia cinco padrenuestros y cinco avemarías»; esta frase perpetuaba la noción *de facto* de un intercambio jurídico, en vez de la profunda experiencia de un perdón sanador o de una gracia inmerecida. No podemos tratar de cosas espirituales como si estuviéramos en una sala de juicio; esto se aparta de la meta y no funciona en un nivel profundo. Olvidamos que nuestra misión es actuar como gente del Evangelio y en su lugar imitamos a los tribunales de justicia. Demasiado a menudo nos sentamos en el sillón del juez en vez de hacerlo en el sillón de la misericordia, ese desde el que Yahvé devolvía a Israel la salud.

Lo que la humanidad necesita es poner sobre el tapete toda la verdad y rendir cuentas de todo lo que ha pasado. Solo entonces podrá avanzar con dignidad. El método de la «justicia reparadora», que se está empleando actualmente por todo el mundo en varias negociaciones, situaciones conflictivas e incluso algunas cárceles, podría cambiar significativamente nuestra noción misma de justicia y acercarla mucho más a la de la justicia divina. Cabe esperar que la Iglesia marque el paso en este sentido; por cierto, la Conferencia Episcopal de Nueva Zelanda redactó, en 1989, un documento de suma trascendencia sobre este tema, titulado «Venganza o reconciliación».

Sin embargo, algunos obispos norteamericanos han vuelto a excomulgar a gente a diestro y siniestro, casi siempre a gente de izquierdas, esperando que la retribución cambie a estos terribles católicos «liberales». Pero varios estudios actuales demuestran que la amenaza y el castigo son las formas menos efectivas a la hora de producir un cambio social o una mejora a largo plazo. Son eficaces, pero en absoluto efectivas. Esto lo ratifican también numerosos estudios pedagógicos. Debemos preguntarnos si lo que queremos es que las personas crezcan realmente o simplemente tener el control del momento. Y no estoy hablando solo de obispos o sacerdotes, sino también de padres y autoridades civiles.

La disculpa, curación y perdón recíprocos ofrecen a la humanidad un futuro sostenible. Si no vamos por este camino, nos veremos controlados por el pasado, individual y colectivamente hablando. Todos necesitamos disculparnos, y todos necesitamos perdonar; de lo contrario, el proyecto humano acabará autodestruyéndose. Por eso no es de extrañar que casi dos terceras partes de las enseñanzas de Jesús versaran directa o indirectamente sobre el perdón. Si no las seguimos, la historia se verá inevitablemente abocada al partidismo y a vivir en una situación de profunda amargura y de recuerdos nefastos, con toda la violencia que ello puede acarrear. Como ha dicho alguien, «el perdón es dejar ir nuestra esperanza de un pasado distinto o mejor». *Así es.* Y esta aceptación conducirá a una gran libertad, siempre y cuando corra pareja con un proceso de responsabilización y de curación.

No puede ocurrir nada nuevo sin disculpas ni perdón. Es la tecnología divina para la regeneración de cada época y cada situación. Los que han sido «desatados» son los mejor preparados para desatar al resto del mundo.

CAPÍTULO 6

¿QUÉ FUE PRIMERO, EL HUEVO O LA GALLINA?

◆

Estuvimos enteramente dispuestos a dejar que Dios nos liberase de nuestros defectos.
Sexto de los doce pasos

◆

«Pero hay algo que recuerdo y me da esperanza: que no se han terminado las bondades de Yahvé ni se han agotado sus misericordias; nuevas son cada mañana».
Lamentaciones 3,21-22

«No digo que ya tenga conseguido mi objetivo o que ya haya llegado al término, sino que sigo corriendo por si logro alcanzarlo, como Cristo Jesús me alcanzó a mí».
Filipenses 3,12

«Así pues, no depende del que quiere ni del que corre, sino de Dios, que es el que tiene misericordia».
Romanos 9,16

«Él extendió la mano y lo tocó, diciéndole:
«Quiero; queda limpio».
Lucas 5,13

Me ha resultado bastante fácil encontrar citas bíblicas que validen el sexto paso, y podría haber utilizado muchas más porque este paso, si bien esto no suele ser observado, es absolutamente bíblico; va contra —a la par que resuelve— la vieja paradoja del huevo y la gallina. Primero se reconoce en él que tenemos que trabajar para ver y admitir nuestras numerosas resistencias, excusas y bloqueos, pero luego se nos recuerda que tenemos que aceptar plenamente que solo Dios puede «quitar todo esto». Pero ¿qué debería ser primero, la gracia o la responsabilidad? La respuesta es que *las dos* cosas son absolutamente prioritarias.

Lo único que podemos hacer es apartarnos del camino; después ya tomará el alma su curso natural. La gracia, al igual que la primavera, es inherente a la creación desde el principio (Gn 1,2); pero cuesta mucho trabajo apartarnos del camino y dejar que la gracia opere plenamente y nos libere. Así que permanece el dilema: ¿produce la gallina el huevo o es el huevo el que produce a la gallina?, ¿es Dios quien nos «produce» a nosotros, o somos nosotros quienes, mediante nuestro esfuerzo, «producimos» a Dios? ¿Por qué opción nos decantamos? En la teología y la espiritualidad ha habido siempre una tensión constante en este sentido, aunque generalmente falsa.

Esta aparente paradoja queda también resumida en el viejo aforismo de «nadie coge a un burro corriendo detrás de él, pero solo quienes corren detrás de él pueden cogerlo». Si el papa León X y Martín Lutero hubieran reflexionado un poco sobre este aforismo, tal vez podríamos haber evitado el ambiente tan tenso que se vivió en los tiempos de la Reforma Protestante. El papa hacía hincapié en que teníamos que «trabajar con temor y temblor en nuestra propia salvación» (Flp 2,12), mientras que Lutero sostenía la postura evangélica más radical de la gracia gratuita, según la cual nadie necesita realmente correr. El amor de Dios es un don totalmente libre, como enseña Pablo (Rom 9,11-12; 11,6 y toda la epístola en general). Tanto Lutero como el papa llevaban razón, pero ambos hicieron mal en marginar al otro (en el contexto del posterior diálogo católico-luterano, se admitiría esto sin problemas). Pero en aquellos días teníamos poca conciencia no-dual; antes bien, funcionábamos básicamente con lo que AA denomina, acertadamente, el pensamiento «o todo o nada», es decir, lo que yo llamo pensamiento dualista.

Se puede decir que toda verdadera espiritualidad tiene algo de paradójica; por eso la mente racional o dualista suele errar el tiro y tachar las cosas que no entiende de equivocadas, estúpidas o cercanas a la herejía. G. K. Chesterton dijo en cierta ocasión que la paradoja es una verdad con la cabeza para abajo y los pies para arriba, simplemente... ¡para así llamar mejor la atención! Pues bien, en el cristianismo abundan las paradojas sin que nos demos plena cuenta de ello: Jesús es totalmente humano y totalmente divino al mismo tiempo, Dios es a la vez uno y trino, el pan es a la vez trigo y Jesús... Damos a la gente estas doctrinas para que crea en ellas, pero luego no le damos el adecuado *software* para que pueda procesar estas mismas creencias, con lo que acabamos aumentando el número de ateos y de *antiguos* católicos y luteranos.

En el sexto paso se consigue hablar nuevamente de manera paradójica. En él se dice que primero debemos admitir plenamente el hecho de que tenemos «defectos», pero luego debemos dar un paso atrás y no hacer nada para remediarlo, por así decir... *¡hasta que estemos «enteramente dispuestos» a permitir que Dios nos libere de ellos!* He aquí una conciencia espiritual de muy elevado nivel. A los católicos más agresivos les encanta el papel de reconocer los defectos, mientras que los verdaderos luteranos (no estoy seguro de cuántos hay) ¡esperan la gracia! Como hemos dicho, el sexto paso afirma que los dos llevan razón y los dos están equivocados.

A mí me gusta decir que debemos «sufrir a Dios». Sí, Dios es un puro regalo, pero *es necesario sufrir* para rendirnos a este Encuentro trascendental. Según otra formulación, que queda muy bien en inglés *(to fully understand is always to stand under)*, *para entender bien hay que estar debajo (sub-tender o sub-estar)* y permitir que las cosas sigan su curso. Es, extrañamente, un ceder el control para recibir un regalo y encontrar un nuevo tipo de «control». Pensad en esto unos instantes y experimentaréis la paradoja en vosotros mismos.

El nexo de unión lo puede clarificar la práctica del fotógrafo Ansel Adams, el cual solía esperar días enteros a que se dieran las circunstancias perfectas y la luz ideal para disparar la cámara (y hacer las fotos icónicas que todos conocemos). También solía decir que «la suerte favorece a la mente preparada». Las personas con algún talento especial saben que esto es verdad. Les parecen genios a los extraños, y a menudo lo son, pero detrás de su santa locura hay simplemente método. Han aprendido a esperar y a aguardar lo que el psicólogo húngaro Mihaly Csikszentmihalyi denomina atinadamente «el fluir».[1] No es de extrañar que todas nuestras habituales metáforas para referirnos al Espíritu Santo prestigien y apunten a algún tipo de experiencia relacionada con el flujo: agua viva, soplo de viento, llama y paloma que se posan...

Así pues, el esperar, el preparar la mente hasta que llegue la «ocasión», el suavizar el corazón, la profundización de la espera y el deseo, la «predisposición» para dejar ir realmente, el reconocer que yo no quiero realmente dejar ir, la auténtica voluntad de cambiar..., todo ello es trabajo de semanas, meses y años de «temor y temblor». El papa llevaba razón, ¡aun cuando no siempre cumpliera lo que decía!

La gran visión de los Evangelios

Pero reconocer que, finalmente, «se haga en mí tu palabra» es la gran visión de los Evangelios, algo que se enseña de manera práctica en el sexto paso. Es la misma oración de María al principio de su viaje (Lc 1,38) y de Jesús al final de su vida (Lc 23,46): «Hágase en mí según tu palabra».

1. Mihaly Csikszentmihalyi, *Flow: The Psychology of Optimal Experience,* Nueva York, Harper, 1990 [trad. cast.: *Fluir (Flow). Una psicología de la felicidad,* Barcelona, Kairós, 2003].

Lutero llevaba razón también, aunque no hiciera siempre esto él mismo. Su nuevo hincapié en lo que ya dijera claramente Pablo en sus Cartas a los romanos y a los gálatas era la parte más recóndita y misteriosa de la ecuación, y sin duda el mundo cristiano debe agradecerle su valor y su empeño para que el «dinámico y resolutivo» mundo occidental recuperara a Pablo y el Evangelio.

El problema es que ello derivó en el moderno vocabulario privado y personal de «mi decisión por Jesucristo como Señor y Salvador», sin que mediara una verdadera transformación de la conciencia ni una verdadera crítica social por parte de la mayoría de los cristianos. *La fe como tal se convirtió en una «obra buena» que yo podía realizar, y el ego volvió al primer plano.* Esta noción mecánica de salvación condujo frecuentemente a toda una serie de palabras religiosas muy correctas pero que hacían caso omiso de una conducta autocrítica, o culturalmente crítica. Por regla general, se «quitaron» muy pocos «defectos», y muchos cristianos siguieron mostrándose básicamente materialistas, belicosos, egoístas, racistas, sexistas y ávidos de poder y dinero (confiados en que la «sublime gracia» los llevaría al final al cielo). ¡Y probablemente sea así! Pero trajeron poco cielo a esta tierra para ayudarnos un poco al resto de los humanos y se dieron muy poca prisa en traer al presente su propia salvación. Muchos de estos «renacidos» han conseguido que el cristianismo le resulte ridículo a buena parte del mundo (¡y no me refiero solo a los católicos!).

Este capítulo va a ser más breve para que así podáis enfrentaros a esta paradoja que nos ocupa y atrapar la tensión creadora hasta que consigáis ver que dos contrarios aparentes podrían no ser nada contrarios. Os sugiero que busquéis ejemplos de esto en vuestra propia vida (sobre todo en un eventual viaje hacia la sobriedad). ¡Qué cierto es eso de que debemos a la vez probar y no probar, «tener cuidado y no tenerlo», como dice el poeta T. S. Eliot. En Albuquerque bautizamos precisamente nuestro centro (toda nuestra obra) según este dilema; a saber, «Centro para la Acción y la Contemplación». En efecto, lo que tenemos que hacer es a la vez rendirnos y cargar con nuestra responsabilidad.

Según su temperamento, cada cual empezará por una u otra cosa, pero al final debemos construir un puente entre las dos —y dejar que sea construido para nosotros— al mismo tiempo. O, invirtiendo un viejo aforismo, debemos *rezar como si todo dependiera de nosotros, y trabajar como si todo dependiera de Dios* (¡sí, habéis leído bien!).

Si habéis cogido el burro es porque habéis corrido y no habéis corrido al mismo tiempo. Tanto la gallina como el huevo se producen sin cesar mutuamente, siendo en realidad el pensamiento dualista el que crea el dilema. La gracia siempre favorece a la mente preparada. Tal vez podamos resumirlo todo de esta manera: Dios es humilde y nunca viene si antes no lo hemos invitado, pero Dios sabe apañárselas para *ser* invitado.

CAPÍTULO 7

¿POR QUÉ DEBEMOS ROGAR?

◆

**Humildemente le pedimos que nos liberase
de nuestros defectos.**
Séptimo de los doce pasos

◆

«Apiádate de mí, Señor, según tu gracia, borra,
en tu gran misericordia, mis pecados, lávame bien
de mis iniquidades, purifícame tú de mis delitos».
Salmos 51,3-4

«No os afanéis por nada, sino que, en toda ocasión,
en la oración y la súplica, con acción de gracias,
vuestras peticiones sean públicamente presentadas a Dios.
Y la paz de Dios, que está por encima de todo juicio,
custodiará vuestros corazones y vuestros pensamientos».
Filipenses 4,6-7

«Cuando oréis, no ensartéis palabras y palabras,
como los gentiles, porque se imaginan que a fuerza
de palabras van a ser oídos. No os parezcáis, pues,
a ellos; que bien sabe Dios, vuestro Padre,
lo que os hace falta antes de que se lo pidáis».
Mateo 6,7-8

Bueno, si Dios ya sabe lo que necesitamos antes de pedirle nada, y encima se preocupa de nosotros más que nosotros mismos, entonces ¿por qué tanto el séptimo paso como Jesús dicen, cada uno a su manera, «pedid y os darán, buscad y encontraréis, llamad y os abrirán» (Mt 7,7)? ¿Estamos tratando de convencer a Dios de que haga cosas? ¿Gana el grupo con más y mejores oraciones? ¿Es la oración de petición una manera más de conseguir lo que queremos? ¿O es para poner a Dios de nuestro lado? En cada caso, somos *nosotros* quienes estamos tratando de tomar el control.

En este breve capítulo intentaré abordar de pasada este misterio del *pedir*, un misterio poco complicado pero a menudo un tanto confuso, si bien es de una importancia capital. ¿Por qué es bueno pedir, y qué es lo que pasa realmente en las oraciones de petición o intercesión? ¿Se nos urge o alienta a que convenzamos a Dios para que haga alguna cosa? ¿Por qué nos dice Jesús que pidamos, pero a continuación precisa que «vuestro Padre ya sabe lo que os hace falta, así que no ensartéis palabras y palabras, como los gentiles»? (Mt 6,7).

Permitidme que conteste con unas pocas frases; después volveré sobre el tema para intentar explicar mejor lo que quiero decir. *No rogamos para cambiar a Dios sino para cambiarnos a nosotros mismos. Oramos para formar una relación viva, no para que se hagan cosas.* La oración es una relación simbiótica con la vida y con Dios, *una sinergia que crea un resultado mayor que el propio intercambio* (por eso Jesús dice que todas las peticiones son contestadas, ¡algo que no parece ser cierto según la evidencia!). Dios sabe que *nosotros* necesitamos pedir para que la relación simbiótica no deje de moverse y crecer. La oración no es un método para intentar controlar a Dios, ni tampoco para obtener lo que queremos. Como dice Jesús en el Evangelio de Lucas, la respuesta a cada oración es una sola, siempre la misma y la mejor: ¡el Espíritu Santo! (véase Lc 11,13). Dios nos da más poder que respuestas.

La muerte de cualquier relación con alguien la produce la conciencia acentuada de «mis derechos». Toda noción de «yo merezco», «esto se me debe», «tengo derecho a», «yo estoy más arriba que tú» socava por completo cualquier noción de fe, esperanza o caridad entre las partes implicadas. Esto es sin duda lo que subyace a una de las afirmaciones más fuertes de Jesús —que se encuentra en los Evangelios sinópticos— y a la vez una de las más negadas y desatendidas, a saber: «Es más fácil que un camello entre por el ojo de una aguja, que un rico entre en el reino de Dios» (Lc 18,25). Jesús no dice esto de ningún otro grupo. La mente de una persona rica es invariablemente una mente «pagada de sus derechos». «¡Yo merezco esto porque he trabajado duro para conseguirlo!», pensamos, o «se me debe esto a causa de mi valía y rango en la sociedad», algo que muchos clérigos y personas famosas suelen creer (¡con la colaboración y codependencia de mucha gente, debo añadir!).

Para impugnar e invalidar esta actitud arrogante y destructora-del-alma, Jesús nos pide que adoptemos la postura de un mendigo, de un solicitante, de alguien que es radicalmente dependiente, la cual, si somos honestos, es siempre espiritualmente verdadera. Saber que no sabemos, saber que estamos siempre necesitados, saber que somos «extranjeros y forasteros sobre la tierra» (Heb 11,13), cita esta que recoge mi padre Francisco en nuestra Regla, todo este saber nos mantiene situados en la posición de una verdad estructural. Permítanme que me explique.

Mendigos ante Dios y el universo

Cuantos más años cumplo más creo que la verdad no es una abstracción o una idea que se pueda plasmar ni encerrar en meras fórmulas o palabras. Nuestra *auténtica verdad tiene que ver con la manera como nos situamos en este mundo*. El filósofo católico alemán Josef Pieper dijo hace bastantes años que «el hábitat natural de la verdad se halla en las relaciones interpersonales»; pero nosotros hemos hecho de la verdad una idea en papel. Hay unas maneras de vivir y relacionarnos que son sinceras, sostenibles y justas, y hay otras maneras de vivir y relacionarnos con la vida que son completamente insinceras. Esta es nuestra «verdad» real, *de facto,* operativa, independientemente de las teorías o teologías en que creamos. Nuestra situación en la vida y nuestro estilo de relacionarnos con los demás es «esa verdad» que nos llevaremos con nosotros a la tumba. Lo importante es quiénes somos, no nuestras teorías sobre esto o lo de más allá. Jesús lo dice claramente en su parábola sobre los dos hijos (véase Mt 21,28-32).

Las oraciones de intercesión o petición son una manera de situar nuestra vida en la sinceridad total y en la verdad estructural. No es casual que tanto los primeros franciscanos como muchos monjes budistas fueran mendicantes de oficio. Francisco y Buda no querían que perdiéramos este mensaje fundamental, que en nuestra cultura actual del «hacerse a uno mismo», de la capacitación y del ascenso a toda costa, casi se ha perdido por completo. Se ha perdido una sincera relación interpersonal y con la tierra, así como una humildad básica. *Nuestra verdad real y definitiva es cómo vivimos*, no las ideas en que creemos. Todos somos y seremos para siempre unos mendigos ante Dios y el universo.

Nosotros no podremos nunca diseñar, pergeñar ni guiar nuestra propia transformación o conversión. Si lo intentamos, será una versión de conversión autocentrada y controlada, con la mayoría de las preferencias y adicciones personales plenamente vigentes, aunque ahora bien disimuladas. Todo intento de autoconversión se parecería a un alcohólico activo que intenta dictar sus propias normas de sobriedad. Dios tiene que cambiar radicalmente el principal punto de referencia de nuestras vidas. Nosotros mismos no sabemos dónde buscar otro punto de referencia, pues hasta ahora todo ha versado... ¡sobre mí! Tanto «yo» no podrá nunca encontrar al «tú» ni a nada que se sitúe más allá del ego.

El séptimo paso dice que debemos «pedir humildemente a Dios que nos libere de nuestros defectos». No debemos intentar ir en pos de nuestras faltas, pues lo más seguro es que vayamos en pos de la cosa equivocada o de un hábil sucedáneo de la cosa verdadera. «No, no sea que al querer recoger la cizaña, arranquéis a la vez el trigo», como dice Jesús (Mt 13,29).

Antes bien, debemos (1) dejar que Dios nos revele nuestros verdaderos defectos (¡generalmente pecando una y otra vez!) y (2) dejar que Dios nos libere de estos defectos desde su propio lado, a la manera de Dios. Si vamos tras ellos con un palo, pronto nos quedaremos solo con el palo y con los mismos defectos en un nivel más profundo de ocultamiento y negación. Suele ocurrir, en efecto, que la mayoría de las personas que se encuentran en la primera fase de la recuperación alcohólica sustituyen simplemente una adicción por otra: primero es la nicotina, luego la cafeína, el «pensamiento hediondo» y el palo, que ahora está muy bien porque es un palo cristiano.

Dios nos libera de nuestros defectos una manera enteramente positiva y duradera, a saber, llenando el vacío con algo mucho mejor, más luminoso y más satisfactorio. Así, nuestros viejos defectos no son barridos ni se esconden bajo tierra sino que más bien se *exponen desprovistos de* cualquier falso programa de felicidad (que es lo que son). Al igual que un andamio ya usado, nuestros pecados se nos quitan como algo innecesario o inútil ya que ahora hay en su lugar un edificio nuevo y mejor. Esto no es otra cosa que el maravilloso descubrimiento de nuestro Verdadero Yo, y el gradual deterioro de nuestro yo falso, construido.[1]

Cuando descubrimos la buena comida, ya no nos sentimos atraídos hacia la comida basura. Ya no necesitamos emprender una cruzada contra las hamburguesas grasientas y las patatas fritas; simplemente las ignoramos. Se convierten en algo carente de interés a medida que vamos descubriendo los alimentos integrales, orgánicos, frescos y saludables. *Todas las recompensas espirituales son inherentes, no recompensas que se den con posterioridad.* Tomemos esto como un axioma fiable. No se trata tanto del cielo futuro como de la salud actual, ¡la cual nos prepara para —y se convierte en— el cielo venidero!

1. Richard Rohr, «True Self/False Self», juego de CD, Cincinnati, St. Anthony Messenger Press, 2010.

UNA CORRECTA RELACIÓN CON LA VIDA COMO TAL

Gerald May, un buen amigo mío ya fallecido, dijo en su excelente libro *La adicción y la Gracia* que «la adicción desgasta nuestro deseo espiritual», es decir, merma nuestro deseo más profundo y verdadero, ese flujo interior y esa energía vital que nos hacen «anhelar el torrente» (Sal 42). El deseo espiritual es el anhelo que Dios puso en nosotros desde el principio, un anhelo de completa satisfacción, de vuelta al hogar, de unión divina, y que se desvió hacia el objeto equivocado. A lo largo de mi vida he podido constatar que *muchas personas en recuperación suelen tener un sentido espiritual excepcional, muy agudo;* más que la mayor parte de la gente, añadiría yo. Ese sentido se frustró pronto y tomó una dirección equivocada. La necesidad y el deseo salvajes despegaron antes de que se pusieran en su sitio y se erigieran límites, una fuerte identidad, el control del impulso y una profunda experiencia de Dios.[2]

Así pues, es importante pedir, buscar y llamar a la puerta para mantener una correcta relación con la Vida como tal. La vida es un regalo, algo que se nos regala cada día, en su totalidad y en cada una de sus partes. Necesitamos una dia-

2. Richard Rohr, *Falling Upward*, San Francisco (CA), Jossey-Bass, 2011, pp. 25 ss.

ria «actitud de gratitud» de manos abiertas para esperar esa vida, permitir esa vida y recibirla en unos niveles cada vez más profundos de satisfacción. Pero no creamos que merecemos esto. Quienes vivan con esta actitud de manos abiertas y humildes recibirán «una buena medida apretada, remecida, rebosante, echada en su regazo» (Lc 6,38). Mi experiencia me ha enseñado que, si no nos mostramos radicalmente agradecidos cada día, el resentimiento, que está siempre al acecho, acabará apoderándose de nosotros. *Por alguna razón, pedir «nuestro pan cotidiano» es saber que nos está siendo dado*. No pedirlo es tomar demasiado en serio nuestros esfuerzos, necesidades, metas... y a nosotros mismos. Pensemos un momento si esto se puede aplicar o no a nuestra propia vida.

Tras unos cuantos años de recuperación, reconoceremos que nuestro profundo e insaciable deseo provenía todo el tiempo de Dios, que nos habíamos desviado un poco del camino y que habíamos buscado el amor en lugares equivocados, pero que finalmente habíamos descubierto lo que realmente necesitábamos y queríamos. Dios desea que esperemos eso. Al igual que, en el sueño de Jacob, los ángeles suben y bajan por la escalera entre el cielo y la tierra, nosotros posaremos la cabeza sobre una piedra a modo de almohada y diremos: «Ciertamente está Yahvé en este lugar, y yo no lo sabía. [...] No es otra cosa que la casa de Dios y la puerta del cielo» (Gn 28,16-17).

Es algo incluso mejor. El descubrimiento definitivo, como lo expresa Thomas Merton, es: «¡Esta puerta del cielo está en todas partes!». Ahora bien, todos nuestros defectos y posesiones «egotistas» son un equipaje pesado que nos impide atravesar esta puerta siempre-abierta, por no decir incluso que simplemente nos impide verla.

CAPÍTULO 8

La hora de la reparación

◆

**Hicimos una lista de todas aquellas personas
a quienes habíamos ofendido y estuvimos dispuestos
a reparar el daño que les causamos.**
Octavo de los doce pasos

◆

«Dijo entonces Natán a David: "¡Tú eres ese hombre!".
[...] Y dijo entonces David a Natán: "He pecado
contra Yahvé"».
2 Samuel 12,7.13

«Pues cuando condenas a otro, a ti mismo te condenas,
ya que tú, que te eriges en juez, practicas
aquellas mismas cosas».
Romanos 2,1

«Por tanto, si al ir a presentar tu ofrenda ante el altar
recuerdas allí que tu hermano tiene algo contra ti, deja
allí tu ofrenda ante el altar y vete primero a reconciliarte
con tu hermano, y vuelve luego a presentar tu ofrenda».
Mateo 5,23-24

A pesar de la superior economía de la gracia y de la misericordia vivida y enseñada por Jesús, él no desechó enteramente la inferior economía del mérito o de la «satisfacción». Ambas se construyen la una sobre la otra, solo que la inferior parece inadecuada para las tareas vitales verdaderamente grandes, como son la caridad, el perdón, el sufrimiento injusto y la muerte como tal. El principio universal se puede resumir con los verbos «transcender» e «incluir». Cuando pasamos a los estados superiores de la caridad y la transformación, no saltamos por encima de las primeras etapas sino que debemos volver atrás para reparar las anteriores ofensas, pues de lo contrario no hay curación ni futuro posibles, ni para nosotros ni para aquellos a quienes hemos ofendido.

Dios nos perdona plenamente, no hay duda, pero el «karma» de nuestros errores permanece, por lo que debemos volver atrás para reparar los lazos que hemos roto; de lo contrario, los demás no podrán perdonarnos, seguirán atascados, y todos seguiremos viviendo en un mundo malherido. Generalmente, debe haber una reparación, incluso para perdonarnos a nosotros mismos. En su importante libro *La guerra y el alma (War and the Soul)*, Edward Tick nos dice que una de las curaciones más eficaces para algunos soldados con trastorno de estrés postraumático consistía en hacerles volver a Vietnam para trabajar con huérfanos y heridos/mutilados de guerra; y los que no lo hacían, no se veían nunca libres de su trauma.

La «sublime gracia» no es una manera de evitar unas sinceras relaciones humanas, sino más bien una manera de rehacerlas —pero ahora de modo «gracioso»— para la liberación de ambas partes. Nada se pierde en el mundo espiritual; todo se debe reconciliar, y se debe rendir cuentas por todo. Todos los sanadores son unos *sanadores heridos*, como dijo maravillosamente Henri Nouwen. No hay más. En efecto, a menudo se nos da mejor curar al prójimo de heridas que nosotros mismos hemos tenido, o que hemos infligido a terceros. «Pero este tesoro lo llevamos en vasos de barro, para que se vea que este extraordinario poder es de Dios y no de nosotros» (2 Cor 4,7). Se os está preparando para ser sanadores (lo cual será el duodécimo paso).

Solemos aprender a curar las heridas de los demás reconociendo y recordando *cuánto duele el dolor*. A menudo, este recuerdo es fruto de darnos cuenta de nuestra pequeñez e inmadurez pasadas, de nuestro egoísmo, nuestro falso victimismo y nuestro cruel victimizar a los demás. Suele ser doloroso recordarlo o admitirlo; sin embargo, es también fruto de la gracia lamentar y apenarnos por el daño hecho a los demás. En nuestros simposios, hemos descubierto que unas «liturgias de la lamentación» bien planteadas pueden ser muy fructíferas para el cambio social y personal. Afortunadamente, Dios nos revela nuestros pecados de manera gradual para que podamos absorber lo que hemos hecho en nuestra vida pasada. «Por eso castigas poco a poco a quienes caen, y corriges trayendo al recuerdo aquello en que pecan, para que, apartados del mal, crean en ti, Señor», se dice en el libro de la Sabiduría (12,2).

Sin embargo, nuestros familiares, amigos y enemigos son menos amables y pacientes que Dios. Necesitan tener las cuentas claras para sentirse libres y seguir adelante en la vida. Necesitan que se les hable con franqueza, oír nuestra versión y tal vez nuestras sinceras disculpas. Generalmente, necesitan ofrecer su versión de la situación y expresar cómo les duele. *Ninguno de los lados necesita acusar ni defender, sino solo enunciar los hechos tal y como los recordamos, y mos-*

trarse abierto para oír lo que los demás han necesitado, oído o sentido. Esto se ha convertido en una verdadera forma de arte, que algunos llaman atinadamente con las expresiones de «escucha redentora» o «comunicación no violenta».[1] Teniendo en cuenta que no se nos enseñó la comunicación no violenta a nivel personal, ¿resulta extraño que no tengamos esta destreza a nivel nacional, cultural o eclesial?

No debe sorprender que la nuestra haya sido una historia de guerras y violencias incesantes. No hemos desarrollado suficiente capacidad para una escucha redentora ni para un «combate leal». Sin embargo, actualmente estamos reconstruyendo la sociedad con nuevos materiales, fomentando unas destrezas honestas de comunicación que se están enseñando a parejas de casados, familias, terapeutas, presos y educadores. Actualmente veo que muchos orientadores e instructores de artes marciales enseñan la no violencia de manera más directa y eficaz que en la mayoría de las misas dominicales o que en las clases de educación religiosa, las cuales suelen impartirse desde una postura o pensamiento dualista. Las cosas son muy diferentes respecto de lo que se esperaba en otro tiempo.

1. Marshall Rosenberg y Arun Gandhi, *NonViolent Communication,* Encinitas (CA), Puddle Dancer, 2003.

Así, el octavo es un paso perfectamente programado, concreto y específico. «Haz una lista» se nos dice en él, una lista que debe incluir a «todas las personas a quienes *nosotros* hemos ofendido». Notemos que no dice las personas que *nos* han ofendido, lo que nos devolvería al papel ventajista de meras víctimas. Este plan me parece absolutamente genial: sabe que se debe empujar al adicto a salir de su inmenso egoísmo. AA es el único grupo que conozco que está dispuesto a —y es suficientemente sincero para— decir a la gente a la cara: «¡Eres un maldito egoísta!» o «Hasta que no superes tu enorme narcisismo nunca lograrás crecer». Se parece en esto a Jesús, quien nos dijo terminantemente que teníamos que «negarnos a nosotros mismos» (Mc 8,34) para poder seguir por el buen el camino. La mayoría de nosotros todavía no creemos en esto (sin duda porque nos gusta muy poco).

Casi todos los demás grupos evitan este equilibrio en una u otra dirección. Los grupos más progresistas y sofisticados se ven generalmente atrapados en la corrección social al uso y no hacen sino suscribir el egoísmo de la gente; ya se sabe, la clásica capacitación y codependencia, con demasiada falsa afirmación horizontal y casi total ausencia del verdadero-hablar vertical. En cuanto a los grupos fundamentalistas y conservadores, la mayoría se limitan a amenazar a la gente con el terrible juicio de Dios (y el suyo propio), pero no suelen enseñarle a curar o reparar el daño cometido ni a dejar-ir de una manera práctica, emocional y mental (la enseñanza de la contemplación brilla por su ausencia). «Bueno, como Jesús nos ha perdonado, podemos olvidarnos de eso». Este es un proceder demasiado vertical, sin casi ninguna dimensión horizontal. Su «problema de culpabilidad» está resuelto, y eso era lo único que les importaba. *Aliviar simplemente la propia culpa es una preocupación ventajista; pero decir: «¿Cómo puedo liberar a los demás de la suya?» es una pregunta afectuosa.*

LA GEOMETRÍA DE LA CRUZ

La geometría de la Cruz debería decirnos que necesitamos ambas dimensiones, la vertical y la horizontal. Nosotros profesamos la religión de la «encarnación» (hacerse carne o cuerpo), no la de la espiritualización. Una vez que el Eterno Prototipo (el «Logos») se hizo carne, es en el mundo material donde encontramos a Dios. ¡La encarnación es nuestra mejor baza! (Jn 1,14). El octavo paso es una herramienta y una tecnología maravillosa que fomenta una encarnación muy práctica: hace que el cristianismo se mantenga anclado, honesto y centrado en salvar a los demás (en vez de pensar solo en salvarnos a nosotros mismos). «Quien dice que está en la luz y odia a su hermano, permanece en las tinieblas» (1 Jn 2,9). Mientras la religión no se convierte en carne, es un mero idealismo platónico, muy alejado del radicalismo de Jesús.

La segunda genialidad espiritual del octavo paso es el reconocimiento de que podría llevarnos mucho tiempo estar verdaderamente «dispuestos». Incluso utiliza el verbo activo «*estuvimos dispuestos a* reparar el daño que les causamos» a los demás para ayudarnos a ver que se trata siempre de *un proceso* que debe incluir a todos. Pedir disculpas de manera que pueda curar realmente al otro es algo para lo que se necesita mucha sabiduría y un profundo respeto al otro.

¿No nos ha pedido disculpas alguien alguna vez, y nos ha parecido como si ese alguien quisiera hacer pasar su acción como un maravilloso y cristiano gesto de perdón? Esas personas suelen tratar de recuperar su imagen personal magullada considerándose unas personas magnánimas. A veces esto lo plasma perfectamente la frase: «Te perdono, pero odio tu pecado». Puede que haya una manera buena de entender esta afirmación, pero generalmente significa: «Yo estoy sobre un terreno moral más elevado que tú». La persona se libera a sí misma, pero no libera a la otra. Por cierto, a los cristianos les gusta decir esto a los gays, exonerándose y exaltándose a sí mismos, mientras dejan maniatado al otro, sin ni siquiera saberlo.

Recuerdo haber dicho a un empleado en cierta ocasión: «Acepto su perdón, pero... ¿cómo es que no *me siento* perdonado?». Los dos seguíamos «maniatados» por su intento de liberarse a sí mismo pero sin liberarme también a mí. Jesús nos dio a todos el maravilloso poder de bloquear y a la vez desbloquear la realidad. Eso no funciona si solo tratamos de desbloquearnos a nosotros sin desbloquear también al otro. Esto es un ejemplo más de cuando la Iglesia romana pretende *no* conocer las Escrituras; siempre cita a este respecto a Mateo 16,19, donde el poder de «atar y desatar» es conferido a Pedro, pero nunca menciona que, dos capítulos después, en Mateo 18,18, Jesús dice lo mismo con relación a toda la comunidad, introduciendo incluso el pasaje con un «os digo solemnemente». Esto podría denominarse un caso de «memoria selectiva o preferente»; pero no olvidemos que el verdadero Evangelio es siempre y más bien una «memoria peligrosa».

En cualquier caso, todos necesitamos hacer algún trabajo de limpieza interior. Para los humanos solo hay un lento ablandar el corazón, un gradual aflojar el apego al propio dolor, al victimismo como identidad pasada o a cualquier necesidad de castigar o humillar a los demás. «"A mí me corresponde la venganza", dice el Señor» (Rom 12,19). La venganza contra el yo o la venganza contra lo que sea no es nuestro cometido. Como suele llevar mucho tiempo el «estar dispuestos» a reparar el daño, algunas personas llevan varios años frecuentando el octavo paso.

Aprenden a hacer listas, pero no de lo que los otros les han hecho a ellos, lo cual es el estilo habitual del ego y un modelo practicado en otro tiempo que resulta muy difícil de desactivar. En cambio, se les da una especie de nuevo *software*, un programa llamado *la gracia*, un nuevo modelo, una «nueva mente» (Ef 4,23; Col 3,10-11; 1 Cor 2,16), un nuevo sistema de procesamiento. En vez de hacer listas de quién me ha hecho daño, hago ahora listas de las personas a las que tal vez *yo* les he hecho daño, a las que he faltado o tratado mal, para hacer luego algo al respecto: algo que podría ser una pequeña nota, una llamada, una visita, un regalo significativo, una invitación, una disculpa propiamente tal. Dios nos mostrará la mejor manera, el mejor lugar, el mejor momento y las mejores palabras. Esperemos y oremos por todas estas personas.

Recordemos una vez más la brillante idea de Einstein de que ningún problema lo puede resolver la misma conciencia que causó dicho problema. Hacer esta lista cambiará nuestra conciencia fundacional, la cual pasará de una mente que alimenta el resentimiento a otra que será a la vez y al mismo tiempo una mente agradecida y humilde.

CAPÍTULO 9

OBRAR DIESTRAMENTE

◆

**Reparamos directamente a cuantos nos fue posible
el daño causado, excepto cuando el hacerlo
implicaba perjuicio para ellos o para otros.**
Noveno de los doce pasos

◆

«Manzanas de oro en bandeja de plata: así son las
palabras dichas a tiempo. Anillo de oro y alhaja preciosa:
tal es un prudente reproche al oído atento».
Proverbios 25,11-12

«Porque quien escucha la palabra
y no la pone en práctica se parece a un hombre
que se mira la cara en un espejo; se miró, se marchó
y, enseguida, se olvidó de cómo era».
Santiago 1,23-24

«Padre, pequé contra el cielo y contra ti. Ya no soy digno
de llamarme hijo tuyo, trátame como a uno
de tus jornaleros».
Lucas 15,19

Lo que las religiones occidentales llamaban a veces «sabiduría», las religiones orientales solían llamarlo «obrar diestramente» o «emplear medios hábiles». La sabiduría no era un mero aforismo retenido en la cabeza, sino una manera práctica, mejor y más eficaz de hacer el trabajo. O uno era entrenado en medios hábiles por un maestro o pariente, o se veía sometido a la larga y laboriosa escuela de la prueba y el error, que parece ser el lamentable modelo vigente en nuestros días. Mucho me temo que la sabiduría que emana del «sentido común», o de unos medios hábiles, no sea el sentido más «corriente» o común. La nuestra es una cultura con muchas personas ancianas, pero con pocos ancianos que destaquen en la asignatura de «sabiduría».

Jesús fue un maestro a la hora de enseñar medios hábiles, como vemos especialmente en el Sermón de la montaña y en muchas de sus parábolas y máximas. Pero nosotros nos preocupamos tanto por demostrar y adorar la divinidad de Jesús que no le dejamos ser también un sabio, un maestro de sabiduría espiritual en su vertiente de «sentido común». Nos limitamos a esperar que saliera de sus labios otra declaración dogmática sobre su divinidad —cosa que nunca hizo— en vez de prestar oído a sus cotidianas y constantes declaraciones sobre cómo ser humanos y cómo debemos hacer para imitarlo en su humanidad.

Él se llamó a sí mismo muchas veces y con mucho orgullo «hijo del hombre», destacando así lo que nosotros hemos tenido tanto miedo de recalcar. El nombre que más veces empleó Jesús para llamarse a sí mismo, imitando en esto al profeta Ezequiel (que lo emplea 99 veces), fue el de «hijo de la humanidad»: yo soy uno de vosotros, el humano arquetípico, un hombre cualquiera.[1] Es casi el único nombre que se daba a sí mismo; nunca dijo «yo soy el Hijo de Dios». ¡Incluso les dice en una ocasión a sus discípulos que *no* digan a la gente que es el Cristo! (véase Mt 16,20). Parece un nuevo ejemplo de memoria selectiva; en efecto, resulta increíble que hayamos intentado asociar el título «Hijo del hombre» a un pasaje oscuro en Daniel 7,13, por cierto, con unas ma-

1. Véase Walter Wink, *The Human Being*, Minneapolis, Fortress, 2002.

yúsculas que no existían en el original. Pero eso hacía que el Evangelio pareciera propiamente «de otro mundo», y así nosotros podíamos imaginar sus posibles connotaciones, a la par que ignorábamos su clara denotación. Pero, en realidad, su significado era solo lo que se decía, a saber: «Yo soy el típico ser humano», ¡soy igual que vosotros! Pero nosotros sacamos a Jesús del radio de acción de la verdadera imitación, cuando precisamente se trataba de imitarlo en su combinada humanidad y divinidad. Recordemos al respecto que Jesús dijo muchas veces «seguidme» y ninguna «adoradme». El triste resultado ha sido que tenemos exceso de seres «espirituales» cuando de lo que se trata —una tarea mucho más necesitada— es de aprender a ser verdaderos seres humanos. La plena humanidad conduce a una espiritualidad a manos llenas o, como decían los teólogos escolásticos, «la gracia no elimina la naturaleza sino que la reintegra y perfecciona», y no puede tomar ningún atajo para llegar al cielo.

Por lo que al noveno paso se refiere, podríamos decir que nos enseña a utilizar medios hábiles tanto para proteger nuestra humanidad como para liberar la humanidad de los demás. También nos dice que nuestras reparaciones a los demás deben ser «directas», es decir, específicas, personales y concretas; en otras palabras, que se necesita algo más que un mero *email* o un *tweet*. Jesús tocaba invariablemente a —y trababa amistad con— la gente que sanaba. Son los encuentros cara a cara, aunque por lo general parezcan particularmente difíciles después de una ofensa, los que a largo plazo acaban haciendo un bien mayor (a veces la otra parte frunce un poco el ceño en el primer intento). Nosotros solo tenemos que abrir la puerta en nuestro lado, que permanecerá abierta si no la volvemos a cerrar.

Pero lo más perspicaz de este paso es la sabia restricción que propone, a saber, «excepto cuando el hacerlo implique perjuicio para ellos o para otros». Bill Wilson aprendió esta idea tan sabia a base de equivocarse, probablemente muchísimas veces. Se necesitan más de ocho años, según el dicho, para que un matrimonio aprenda a pelearse de manera «limpia» y leal. Sí, se necesita bastante tiempo, discernimiento y asesoramiento ajeno para saber *cuándo*, *cómo*, *quién* y *dónde* disculparnos o reparar el daño. Si no se hace hábilmente, una excusa puede incluso agravar más aún el problema y el daño. Los doce pasos tenían suficiente experiencia encima para saber bien esto. No es necesario contárselo todo a todos, todo el tiempo y con todo detalle. A veces eso no hace sino aumentar más aún el dolor, el problema y la incapacidad de la otra persona para perdonar; es mejor proceder con un sabio discernimiento y buscar el consejo de los demás.

La «total» transparencia o divulgación es un rasgo de nuestra cultura que pocas veces resulta justo, ni siquiera útil. El hecho de que algo sea objetivamente cierto no quiere decir que todo el mundo lo pueda «procesar» —ni que necesite procesarlo— o que tenga derecho a dicha información. Necesitamos orar y discernir *lo que el otro necesita oír y también tiene derecho a oír*. El que la gente *quiera* saberlo todo, incluidos detalles más salaces, es algo que actualmente ha alimentado nuestra sociedad saturada de medios, de modo que el querer saber se ha convertido en un derecho a saber. El cotilleo no tiene nada que ver con el juego limpio, antes bien es un gran obstáculo para el amor humano y la sabiduría espiritual. Pablo lo incluye entre los «pecados más graves» (Rom 1,29-31); y sin embargo, la mayoría de nosotros lo practicamos con bastante facilidad.

Recuerdo que, durante nuestra formación para la labor de confesores, un sabio franciscano nos dijo que no debíamos —pues sería una gran equivocación por nuestra parte— «exigir la manifestación de la conciencia» a la otra persona. Hay cosas que no tienen por qué saber los demás, ni siquiera el confesor. Todo amago de fisgoneo o de pregunta indebida tiene más que ver con nuestra curiosidad morbosa que con el verdadero

143

deseo de curar o ayudar a la otra persona. No estaría mal que enseñáramos esto a la sociedad en su conjunto, a fin de protegernos los unos a los otros contra posibles calumnias, juicios precipitados y malas voluntades. ¿No es acaso por eso por lo que la palabra «anónimo» figura en el nombre mismo de AA?

Digamos ahora algo sobre la verdad (sobre decir la verdad) y el engaño. La verdad no es solo «lo que ocurrió» sino también *lo que nosotros o cualquier otra persona tiene derecho a saber, y puede gestionar o «manejar» de manera responsable*. Si estamos hablando de un adicto, una persona gay o una persona con un achaque físico preexistente, hay unas personas que tienen derecho a dicho conocimiento, otras a las que este no les importa en absoluto y otras finalmente que seguro que lo van a usar indebidamente. El gobierno de Estados Unidos ha reconocido también esto en la que llamamos la Quinta Enmienda, al afirmar que las personas tienen derecho a no autoincriminarse. Decir a alguien que llama a la puerta sin ser requerido «no, mi madre no está en casa» podría ser objetivamente una mentira, pero también podría ser algo muy cierto a un nivel más básico y profundo, a saber, «¡mi madre no está en casa para usted!». En nuestra práctica confesional, esto lo llamamos con el nombre de «reserva mental». A veces esta reserva no solo era una cosa buena sino incluso la cosa más moral que se podía hacer para protegernos a nosotros mismos o a los demás, o incluso a la parte que buscaba la información. «No todo el mundo tiene derecho a saberlo todo» es un principio moral que nuestra cultura debería ser lo suficientemente sabia para aprender.

Obrar diestramente no es solo reparar el daño hecho, sino además repararlo de manera tal que «no se haga daño a los demás». La verdad no es solo una cosa objetiva (el gran error de los fundamentalistas), sino una combinación de texto y contexto, de estilo e intención. Nuestro supuesto derecho a saber toda la «verdad» sobre nuestro vecino a menudo da pábulo también a quienes actúan con una preexistente dosis de malicia, parcialidad o desequilibrio mental, y suele conducir al sesgo, a la distorsión y a la mala interpretación de ciertos hechos. En varias cárceles y correccionales he tenido ocasión de conocer a muchas personas falsamente acusadas por el tribunal de la opinión pública, sobre la base de una información que había sido completamente manipulada por políticos airados o por alguna variedad de periodismo amarillo. Este proceder, que se ha convertido en una forma más de pornografía, es sumamente destructivo para el alma, para la justicia básica y para el derecho de la gente a una buena reputación.

Los doce pasos versan básicamente sobre dos cosas: reparar el daño cometido e impedir que sigamos hiriéndonos los unos a los otros. Demasiado celo aquí, demasiado «irse de la lengua» allí..., puede producir toda una serie de nuevos problemas. Hay muchas personas que simplemente carecen de los «filtros» apropiados para saber procesar determinadas ideas o informaciones; con frecuencia las utilizan mal, aun sin ánimo de utilizarlas mal. Hay también personas sinceras que pueden hacer mucho daño con informaciones que no están preparadas para «manejar», haciendo a menudo juicios precipitados que no son ni ciertos ni útiles. A eso se refería sin duda santa Teresa de Jesús cuando dijo: «¡Señor, líbrame de tales santos!». El noveno paso trata de esto.

146

CAPÍTULO 10

¿ES ESTO UNA EXAGERACIÓN?

◆

Continuamos haciendo nuestro inventario personal y cuando nos equivocábamos lo admitíamos inmediatamente.
Décimo de los doce pasos

◆

«Los errores, ¿quién podría discernirlos?».
Salmos 19,13

«Y así, los gentiles, que no tienen ley, vienen a convertirse en ley para sí mismos; la ley está grabada en su corazón. Y así lo testifica su propia conciencia y los razonamientos que unas veces los acusan y otras los defienden».
Romanos 2,14-15

«Por tercera vez le pregunta Jesús: "Simón, hijo de Juan, ¿me quieres?". Pedro sintió pena cuando Jesús le dijo por tercera vez "¿me quieres?", y le respondió: "Señor, tú lo sabes todo, tú conoces bien que te quiero"».
Juan 21,17

He de confesar que, cuando leí por primera vez el décimo paso, me entraron ganas de decir: «¡Hombre, por fin vamos a tratar de algo un poco más positivo y elaborado! Esto está empezando a parecerme un interminable examen de conciencia, que puede hacer que la gente se mire el ombligo perpetuamente». Aún sigo pensando que esto constituye un serio peligro para algunos. Creo que nuestra historia religiosa se ha basado demasiado en la culpa y en la vergüenza, y no suficientemente en lo que algunos llaman «la lógica de la visión», que es un tipo de motivación más amplia, positiva y avanzada. La metáfora y el «gancho» habituales de Jesús eran una visión positiva que él llamaba «el reino de Dios» —del cual parece estar hablando constantemente—. Para Bill Wilson se trataba de una «experiencia espiritual vital». No se trataba de *una amenaza negativa, sino de un reclamo, una promesa y una*

invitación positivas. Para mí, se trata de algo crucial y necesario, de lo contrario el viaje espiritual se convierte básicamente en una resolución de problemas basada-en-el-miedo.

Yo procedo de una escuela de vida religiosa en la que aprendimos de los jesuitas la necesidad de hacer un diario y personal «examen de *conciencia*», que sin duda tenía una intención muy laudable y que funcionaba bien con algunas personas. Pero yo descubrí que las personas con una conciencia madura hacían este examen por sí mismas, de una manera natural e incluso más de la cuenta. Actualmente, muchos jesuitas recomiendan hacer en su lugar un «examen de *consciencia*», el cual a mí me parece personalmente mucho más fructífero. Supongo que esto es lo que yo recomendaría si tuviera que enseñar el décimo paso, amén de porque sirve de excelente transición para el undécimo, que versa sobre la oración y la meditación. Así pues, hablemos un poco de esta consciencia.

LA CONSCIENCIA, COMO EL ALMA MISMA

La consciencia es el sutil y abarcador misterio que se halla dentro de —y entre— todas las cosas. Es como el aire que respiramos, en el sentido de que lo damos por descontado y no lo apreciamos. La consciencia no es el ver sino *eso que me ve viendo*. No es el conocedor sino *eso que conoce que estoy conociendo*. No es el observador sino *eso que subyace y me observa observando*. Debemos abandonar nuestro proceder compulsivo y nuestro apego a nosotros mismos si queremos ser verdaderamente conscientes. La consciencia no puede ser «solo yo» puesto que puede observar*me* desde cierta distancia. El autor y psicólogo Ken Wilber la describe bellamente como «la simple sensación de Ser» bajo todas nuestras percepciones y, sin embargo, tan simple, sutil y omnipresente que es difícil «sentirla», añadiría yo. La consciencia es difícil de describir, al igual que el *alma*. ¿Tal vez porque son la misma cosa?

La consciencia *se percata de* mis sensaciones y sentimientos, de manera que no puede ser pura y simplemente *mis* sentimientos como tales. ¿Quién o qué es este percatarse? La mayoría de la gente no capta esto porque está totalmente identificada con sus propios pensamientos, sentimientos y patrones de percepción compulsivos. Por eso han sido tantos los místicos y los santos que hacen un especial hincapié en el desapego. Sin este, la gente no puede moverse hacia el nivel del alma. El Maestro Eckhart decía que el desapego era lo más importante, y los primeros franciscanos parecían no saber hablar de otra cosa, si bien ellos lo llamaban con el nombre de «po-

151

breza». Actualmente, no vivimos en una cultura que aprecie mucho el desapego ni la pobreza. Somos consumistas por formación y hábito, y por eso tenemos tantos problemas con la adicción, para empezar. Para las personas realmente desapegadas (léase «no adictas»), la consciencia más profunda les viene de manera natural. *Descubren su propia alma, que es su yo más profundo pero que tiene acceso a un Conocimiento Mayor que está más allá de sí mismas.* Esta es una buena descripción de nuestra misteriosa y multifacética alma. Creo que habría sido mejor ayudar a la gente a *despertar* esta alma en vez de intentar salvarla (¡cuando a menudo sigue aún dormida!) pensando en el mundo venidero.

Si la consciencia «obedeció», sí, *obedeció,* se volverá a su vez un buen profesor de la sabiduría del alma y nos enseñará desde el interior más profundo (tanto Jr 31,33 como Rom 2,13 lo llaman «la ley escrita en nuestros corazones»). Algunos la llaman «el testigo interior», y este testigo es lo que los cristianos han llamado siempre el Espíritu Santo, que está sobrevolando sobre la creación desde el *Big Bang* (Gn 1,2), es decir, desde el momento en que Dios empezó a plasmar las cosas. Quince mil millones de años después del *Big Bang,* o de la encarnación cósmica, cuando la humanidad ya estaba lista para el encuentro consciente, este mismo Espíritu sobrevoló sobre una doncella judía, llamada María, para llevar a cabo y revelar lo que los cristianos llamaríamos la encarnación *humana* en Jesús (Lc 1,35). El estudioso bíblico Walter Brueggemann llama a esto «el escándalo de lo particular». Así como ha sido igualmente difícil para nosotros creer en nuestra propia encarnación llena-de-Espíritu como hijos de Dios (véase Rom 5,5 y 8,9-10), para muchos ha sido difícil creer que Jesús podía ser también «hijo» de Dios. Pero Jesús no es un hijo de Dios exclusivo, sino un hijo de Dios inclusivo, que revela lo que es verdad siempre y por doquier. Pablo resuelve esta sutileza llamándonos a nosotros hijos «adoptados» (Gál 4,5) y «coherederos con Cristo» (Rom 8,17).

Así, en un determinado nivel, el alma, la consciencia y el Espíritu Santo pueden enseñarse como una misma cosa, que es siempre mayor que el yo, una cosa compartida e incluso eterna. Esto es lo que quiere decir Jesús cuando habla de «darnos» el Espíritu o *compartir su consciencia con nosotros*. Quien tiene el alma así de «despierta» tiene también «la mente de Cristo» (1 Cor 2,10-16). Lo cual no significa que tal persona sea psicológica o moralmente perfecta, sino que a partir de ahora va a ver las cosas de una manera mucho más expandida y compasiva. En su Carta a los efesios, Pablo llama a esto «una revolución espiritual de la mente» (4,23). ¡Y vaya que lo es!

Jesús llama a este Espíritu implantado con el apelativo de «el Abogado» (Jn 14,16), el cual está «con vosotros y en vosotros» (14,17), nos hace vivir con la misma vida que él vive (14,19) y nos une a todas las demás cosas (14,18.20). Y después agrega que este «Espíritu de verdad» nos «enseñará todo» (14,26) y nos «recordará» todo lo que necesitamos saber (14,26). Hablar acerca de que estamos bien equipados para la vida gracias a una Fuente Interior Secreta..., es algo demasiado bueno para creerlo. Y tal vez por eso no lo creímos.

Este fracaso y esta tristeza me impulsaron hace años, durante el tiempo de Cuaresma, a escribir 65 nombres para este misterio oculto en un «Letanía del Espíritu Santo».[1] Fue mi homenaje personal a una Consciencia Interior Amorosa que todos compartimos, aunque no se nos ha enseñado a contar con ella ni a dejarle que nos guíe. La mayoría de las Iglesias dieron a la gente la impresión de que «obtendrían» el Espíritu Santo como una recompensa por su buena conducta, y en circunstancias especialmente duras, cuando escribía un Evangelio o cuando un obispo le imponía las manos. Y así limitamos gravemente las horas de trabajo disponibles del Espíritu, des-

1. Richard Rohr, *The Naked Now*, Nueva York, Crossroad, 2009, apéndice 3, p. 168.

bancamos la Presencia defensora de Dios de su función fundamental para con nosotros. De este modo, nos quedamos «huérfanos», exactamente aquello que Jesús no quería que pasara, según sus propias palabras (Jn 14,18). Es posible que la antigua palabra, de origen germánico, *Geist* («el Espíritu Santo»), fuera una buena premonición de lo que había ocurrido —o no—. El Espíritu Santo se había convertido en una especie de espíritu, fantasma o mente invisibles.

La consciencia, nuestra alma, el Espíritu Santo, tanto a nivel individual como compartido, por desgracia se han convertido en... *¡inconscientes!* No es de extrañar que llamemos al Espíritu Santo la «persona desaparecida de la Santísima Trinidad», ni que tratemos de llenar esta *radical desconexión* mediante varias adicciones. Hay muchas pruebas de que los denominados pueblos «primitivos» estaban más en contacto con este Espíritu interior que muchos de nosotros. El filósofo y poeta británico Owen Barfield lo llamó «participación original»; según él, muchos pueblos antiguos vivían en diaria conexión con el nivel «anímico» —entrañable y expresivo— de todas las cosas: los árboles, el aire, los elementos, los animales, la tierra propiamente tal, sin olvidar el sol, la luna y las estrellas. Todas estas cosas eran «hermanos» o «hermanas», tal y como san Francisco lo formularía después. Todo tenía «alma», la espiritualidad podía tomarse en serio y venía de manera natural. La mayoría de nosotros ya no disfrutamos de esta consciencia en nuestro mundo. Es un universo «desencantado» y solitario para la mayoría de nosotros. Incluso hablamos del «inconsciente colectivo», que ahora adopta un nuevo significado. La realidad es que estamos desconectados los unos respecto de los otros y por ello mismo somos —unos— inconscientes. Sin embargo, la tarea primordial de la religión es reconectarnos *(re-ligarnos)* al Todo, a nosotros mismos y a los unos con los otros; solo así podremos curarnos. Está claro que no hemos venido haciendo bien nuestro trabajo.

Nuestra identidad divina como hijos de Dios

Así, un «examen de *consciencia*» diario me parece a mí una cosa bastante buena. Pablo habla de un conocedor interior en varios pasajes que demuestran una gran sabiduría y penetración; lo llama asimismo «la mente de Cristo» y «la ley interior» (véase 1 Cor 2,10-16 y Rom 2,14-15), algo que se asemeja a un inherente compartir este único Espíritu o consciencia. En otro lugar, habla tanto de nosotros mismos como de Dios, pues «el Espíritu mismo da testimonio» (Rom

8,16) de nuestra identidad divina como «hijos de Dios», «herederos» y «coherederos con Cristo» (8,17).[2] Cuando dejamos de confiar en este testimonio interior y unificado, carecemos de apoyo para creer en el principal mensaje evangélico, a saber, que *compartimos una misma identidad con Jesús* (1 Jn 3,1-2; 2 Pe 1,4). Esto debería ser más que suficiente para curar a cualquiera de una baja autoestima o inseguridad, o de esas adicciones que todos empleamos para llenar nuestro trágico vacío.

El décimo paso, haciendo gala de una especial sabiduría, no hace hincapié en un inventario *moral*, que podría resultar demasiado enfrascado en sí mismo y autocrítico, sino en un «inventario personal». En otras palabras, que *nos observamos a nosotros mismos de manera objetiva, tranquila y compasiva*. Esto solo podremos hacerlo desde un nuevo punto panorámico o perspectiva, como hijos de Dios con los pies bien en el suelo. «El Espíritu viene también en ayuda de nuestras debilidades» (Rom 8,26). Desde esta posición sumamente positiva y dignificada, *podemos* dejar ir e incluso «admitir fácilmente nuestros defectos». Nos sentimos tan fuertes y profundamente sos-

2. Michael Christensen (ed.), *Partakers of the Divine Nature,* Teaneck (NJ), Farleigh Dickinson University, 2007.

tenidos que ya podemos dejar de agarrarnos —o defendernos— a nosotros mismos. Dios siempre ve y ama a Cristo en nosotros; somos *nosotros* quienes dudamos de nuestra identidad divina como hijos de Dios.

Nosotros gozamos ahora de una posición y un poder implantados, por los que podemos vernos de una manera tranquila y compasiva sin estar constantemente lanzándonos pullas, etiquetando, juzgando o sintiendo rencor hacia nuestras propias imperfecciones. *No juzguéis, simplemente mirad*, podría ser nuestro nuevo lema, *y ahora con los ojos mismos de Dios.* Esto despertará nuestra consciencia, y entonces las cosas cuidarán de sí mismas, con un mínimo de honestidad y valentía por nuestra parte. Anthony de Mello, maravilloso jesuita indio, solía decir: «¡Consciencia, consciencia y más consciencia!». Una vez que hemos visto claramente nuestra dignidad inherente, el juego del mal y de la adicción empieza a venirse abajo. El mal, a fin de salirse con la suya, siempre se basa en alguna variedad de camuflaje. El mal suele hacernos dudar de nuestra dignidad inherente, como ocurriera también en las tentaciones de Jesús en el desierto, donde Satán empezaba cada tentación con la misma frase: «Si eres el hijo de Dios» (Mt 4,3.6). Si dudamos de eso, nos deslizaremos hacia la adicción y la inconsciencia, y haremos fácilmente el mal —aunque no lo llame-

mos mal—. Pero si nos aferramos a nuestra dignidad inherente, podremos fácilmente cumplir con
el décimo paso; entonces tomaremos sosegada-
mente «el inventario personal» y lo admitiremos
inmediatamente cuando nos equivoquemos. A
las personas que saben *quiénes son* les resulta fa-
cilísimo saber *quiénes no son*.

Siempre que hacemos algo estúpido, cruel,
malo o destructivo a nosotros mismos o a los
demás, en ese preciso momento somos —unos—
inconscientes, inconscientes también de nuestra
identidad. Si fuéramos plenamente conscientes,
nunca haríamos eso. Las personas amables son
siempre sumamente conscientes. Vivir a expen-
sas de una droga o una sustancia es volvernos
inconscientes. En mi labor de orientación espiritual, siempre me ha entristecido oír decir que se
tiene que consumir algo de vino o de alcohol en
general para *hacer el amor* con la pareja. Se mire
por donde se mire, esto es una contradicción en
los términos, pues no podemos ser realmente
afectuosos si somos inconscientes o no estamos
plenamente presentes.

Ser plenamente conscientes es *amarlo todo*
a cierto nivel y de cierta manera; amar incluso
nuestros errores. Amar es entrar en la plena
consciencia, la cual es contemplativa, no dualista y omniinclusiva; lo incluye todo, incluso
«la muerte, que será el último enemigo des-

truido» (1 Cor 15,26). ¡Por eso es tan absolutamente necesario *amar*!

¿No nos dice Jesús que debemos amar incluso
a nuestros enemigos? Cuando en un nivel determinado podamos amar incluso nuestros pecados
e imperfecciones, que son nuestros «enemigos»,
entonces estaremos siendo plenamente conscientes y plenamente liberados. Dios, que es la Consciencia Universal, conoce todas las cosas, absorbe
todas las cosas y perdona todas las cosas, por ser
lo que son. *Si Jesús nos manda amar a nuestros
enemigos, entonces sabemos que Dios debe y quiere
hacer lo mismo.* ¡Qué esperanza y qué alegría significa esto para todos nosotros! Significa que no
debemos tener ningún miedo a la hora de admitir
nuestros defectos y errores.

Porque tú amas a todos los seres,
y nada aborreces de lo que hiciste.
De haber odiado algo, no lo habrías creado.
¿Cómo podría sustituir cosa alguna, si tú no
    [quisieras?

O, ¿cómo conservarse, si tú no la llamaras?
Pero tú perdonas a todos, porque tuyos
    [son, Soberano que amas la vida, pues tu
    [espíritu incorruptible está en todos ellos.

Sabiduría 11,24–12,1

CAPÍTULO 11

UNA MENTE ALTERNATIVA

◆

**Buscamos a través de la oración y la meditación
mejorar nuestro contacto consciente con Dios,
pidiéndole solamente que nos dejase conocer
su voluntad para con nosotros y nos diese
la fortaleza para cumplirla.**
Undécimo de los doce pasos

◆

«Desistid y sabed: yo soy Dios».
Salmos 46,11

«A saber, que os despojéis por lo que se refiere
a vuestro anterior género de vida, del hombre viejo
que se va corrompiendo a medida que sigue
las tendencias de la seducción, que os dejéis renovar
por el espíritu de vuestra mente».
Efesios 4,22-23

«Por la mañana, muy temprano, antes de amanecer,
se levantó, salió, se fue a un lugar solitario
y se quedó allí orando».
Marcos 1,35

P ermitidme deciros algo muy importante, algo que el undécimo paso ha sido capaz de reconocer a la perfección. La palabra «oración», que Bill Wilson yuxtapone atinadamente a la palabra «meditación», es un término clave para describir *una manera diferente de procesar la vida*. Cuando «oramos», se supone que nos quitamos, como si se tratara de un «gorro», nuestro «habitual modo de pensar» y nos ponemos —adoptamos— otro, que nos aparta de una perspectiva egocéntrica y nos lleva a otra «alma-céntrica», que no es realmente «pensar» sino que tiene más que ver con lo que el escritor canadiense Malcolm Gladwell llama «el genio de pensar sin pensar».

Yo llamo a la primera perspectiva con el nombre de «la mente calculadora» y a la segunda con el de «la mente contemplativa».[1] Son dos tipos

1. Richard Rohr, *Everything Belongs*, Nueva York,

de *software* diferentes, y dado que la primera es casi siempre y por completo una perspectiva de control, y se ha convertido en nuestro *hardware* operativo, tenemos que ser *cuidadosamente instruidos* sobre cómo debemos orar, que es exactamente lo que los discípulos de Jesús le pidieron un día: «Señor, enséñanos a orar» (Lc 11,1). Si no aprendemos a orar, y no cambiamos «nuestra mente... por el espíritu de nuestra mente», como se dice más arriba en la Carta a los efesios, trataremos de procesar las cinco cuestiones humanas más importantes (el amor, la muerte, el sufrimiento, Dios y el infinito) con un *software* absolutamente inadecuado, y no llegaremos muy lejos.

Como no hemos enseñado a la gente a cambiar de emisora o canal, estamos contribuyendo a que se propaguen las conductas neuróticas y airadas, dado que la gente no puede hacer frente a estas cuestiones tan importantes. Al principio, siempre hay que padecer algunos dolores de deshabituación para poder cambiar de procesador. Pues bien, con la oración se necesita también mucho trabajo inicial para aprender a practicarla. Cuando los occidentales nos hayamos liberado de todos nuestros prejuicios sobre el budismo, tal vez entonces seamos ya suficientemente sin-

---

Crossroad, 1999.

ceros para reconocer que los verdaderos budistas tienden a ser mucho más disciplinados y honestos sobre este cambio de «modo de pensar».

La primera de las citadas mentes lo ve todo a través del cristal de las necesidades, las penas, las iras y los recuerdos privados. Es un cristal demasiado pequeño para ver de manera cabal, sabia o profunda. Como sin duda sabéis, la mayoría de la gente no ve las cosas tal y como *son*, sino que las ve tal y como *ella* es. Reflexionad un poco en esto. Por eso casi todas las tradiciones espirituales y religiones han enseñado alguna forma de oración; pero en el fondo siempre se ha tratado de un sistema de procesamiento alternativo. Por su parte, para muchos cristianos, por no decir para la mayoría, la oración se ha convertido en una práctica o ejercicio piadoso que se lleva a cabo con la mente vieja y desde la consabida posición egocéntrica. Se supone que esta práctica debe «agradar» a Dios de alguna manera. Dios necesita que nosotros le hablemos, supongo. La oración es entonces algo que hacemos cuando nos sentimos impotentes para algo, pero no es básicamente *un positivo ampliar la lente para obtener una mejor imagen*, que es de lo que realmente se trata.

En lo que generalmente se conoce con el nombre de oración, tanto nosotros como nuestras personales penas, necesidades y perspectivas siguen siendo el principal punto de referencia; y hemos decidido invitar al Gran Poder para que nos ayude con nuestra solución predeterminada. Dios puede ayudarnos a conseguir lo que queremos, lo cual sigue siendo un deseo egocéntrico, en contraste con el propósito mucho más importante de Dios, que es *ayudarnos a saber lo que realmente necesitamos* (Lc 11,13; Mt 7,11). Siempre lleva un poco de tiempo ampliar la lente, y por tanto la pantalla, de la vida. Durante cierto tiempo, hay que soportar los dolores de la deshabituación hasta que la pantalla se haya vuelto de alta definición. Cuesta mucho trabajo aprender a orar, sobre todo por lo que supone de *vaciar la mente y llenar el corazón;* pero de eso se trata precisamente, resumido en una frase concisa y veraz.

En el primer tipo y fase de oración no suele haber una verdadera «renuncia» al yo pequeño y efímero (Mc 8,34), por lo que no es todavía la oración infinita del Gran Cuerpo de Cristo, sino la oración sumamente finita de un «cuerpo» pequeño que está tratando de ganar, tener éxito y obtener el control, con la ayuda de un Amigo. Pero Dios no puede contestar directamente a tales oraciones porque, francamente, *estas suelen tener por objeto una cosa equivocada y hacerse a partir del yo equivocado*, aunque nosotros no lo sepamos todavía.

En síntesis, en la oración no se trata de cambiar a Dios sino de estar dispuestos a dejar que Dios nos cambie, o como se dice en el undécimo paso, a «pedirle solamente que nos deje conocer su voluntad». Jesús llega a decir que la verdadera oración *siempre* es contestada (Mt 7,7-11). Ahora bien, todos sabemos que eso no es verdad *de facto*, a no ser que se refiera a la oración en el sentido que yo estoy tratando de describir. *Si somos capaces de cambiar de mente, y adoptar la de Cristo, ¡nuestra oración ya ha sido contestada! Esta nueva mente conoce, comprende, acepta y ve de manera correcta, amplia y sabia, y sus oraciones son siempre contestadas porque en realidad son también las oraciones de Dios.*

En la verdadera oración se trata siempre de dar con el «quién» correcto. ¿Quién está haciendo la oración? ¿Nosotros o Dios en nosotros? ¿Nuestro pequeño yo o la Consciencia de Cristo? La mente contemplativa ora desde un sentido diferente del quién-soy-yo. Descansa y mora en el Gran *Yo Soy*, y extrae su fuerza vital del Sarmiento Más Grande (Jn 15,4-5) o del Pozo Más Profundo (Jn 4,10-14). Pablo lo formula de esta manera: «Pues vuestra vida está oculta, juntamente con Cristo, en Dios. Cuando se manifieste Cristo, que es nuestra vida, entonces vosotros también seréis manifestados juntamente con él, en gloria» (Col 3,3-4). Imposible imaginar algo mejor, pues ahora estamos y nos sentimos personal y realmente implicados. Básicamente, la oración es un ejercicio de *participación divina:* ¡nosotros decidimos formar parte y Dios está siempre ahí!

Así, vemos por qué es tan importante «orar», es decir, cambiar nuestro «modo de pensar», porque en su mayor parte tiene que ver con el modo como nuestra mente procesa las cosas, un procesamiento al que se suman también normalmente el corazón y el cuerpo. La mente es la torre de control normal, por lo que debe ser educada primero. La terapia racional-emotiva de nuestros días ha acabado reconociendo esto también. La mayor parte de las prácticas de meditación y de contemplación tienen que ver con *algunas prácticas concretas para reconocer y relativizar la naturaleza obsesiva de la mente humana. La pequeña mente no puede hacer frente a esa Grandeza y Novedad que es siempre Dios.* La mayoría de los profesionales que ayudan con la adicción reconocen asimismo que muchos adictos son «pensadores del tipo "o todo o nada"». Yo llamo esto pensamiento dualista, propio de la habitual mente etiquetadora, racional, que es buena para cosas tales como la ciencia, las matemáticas o girar a la izquierda o a la derecha, pero que se ve completamente perdida ante esas cinco grandes realidades que son Dios, la muerte, el sufrimiento, el amor y el infinito.

Pero no penséis que estoy tratando de prestar a la oración un mero significado secular o psicológico. En absoluto. ¿Para qué iba a perder el tiempo? Jesús da un consejo parecido cuando dice, por ejemplo: «Cuando oréis, entrad en la habitación interior y cerrad la puerta». Si tenemos en cuenta que no existía una «habitación interior» en las casas judías (que eran de una sola habitación), los discípulos debían saber que estaba hablando del yo interior, de eso que hoy llamaríamos el inconsciente, nuestra personal morada interior, por así decir. Esto lo indica también el doble empleo de la palabra *secreto*, a la vez lugar donde la verdad está esperando inadvertidamente y lugar escondido para la mayoría de nosotros, en el que Dios «mora» y desde el cual nos «bendice» (Mt 6,6).

Un poco después, Jesús agrega: «Cuando oréis, no ensartéis palabras y palabras, como los gentiles», con lo que apunta a algo distinto de la mera oración verbal, es decir, a lo que yo llamaría *la oración de quietud*. El hecho mismo de que los discípulos le pidieran una oración verbal puede respaldar el argumento de que Jesús no les había enseñado ninguna. Cada grupo suele tener su propia oración pública, en comunidad, para definir su identidad (al igual, por ejemplo, que la Oración de la Serenidad de AA). Los discípulos de Jesús le dijeron un día: «Señor, enséñanos a orar, como también Juan enseñó a sus discípulos» (Lc 11,1), de donde se podría deducir que lo que llamamos el Padrenuestro fue en parte una concesión —desde luego excelente— a esta comprensible necesidad social que tenemos los humanos.

Pero seamos sinceros. *Jesús va al silencio, a la naturaleza, y generalmente solo, cuando ora* (podemos comprobarlo en Lc 3,21; 5,16; 6,12; 9,18.28-29; 11,1; y 22,41). Es increíble que no hayamos reparado en esto. Con nuestro porfiado hincapié en la oración social, en la oración litúrgica y en las reuniones para la oración, esto podría ser un nuevo ejemplo de memoria selectiva y preferente. Desde el siglo XIII, nadie nos ha dicho qué debemos hacer con nuestras mentes cuando estamos solos, al menos de una manera sistemática.[2] Así, los domingos por la mañana se dedicaron casi exclusivamente al canto, a las lecturas y a la recitación de oraciones en grupo, pese a que de estas cosas hay poco rastro en la vida de Jesús.

2. Richard Rohr, *The Naked Now*, Nueva York, Crossroad, 2009, pp. 105 ss.

Es precisamente para la oración de quietud y la autorrendición para lo que mejor nos puede ayudar el undécimo paso, algo que Bill Wilson debió de reconocer al emplear también la palabra «meditación» en una época en que esa palabra era poco corriente en los círculos cristianos. E hizo muy bien, pues solo la oración contemplativa o la meditación invade, toca y cura el *inconsciente*. Es aquí donde se esconde toda la basura, pero es también aquí donde Dios se oculta y se revela, es decir, «en ese lugar secreto» (Mt 6,6). «Porque mirad», añade Jesús, «el reino de Dios ya está *en medio de vosotros*» (Lc 17,21).

La mayor parte de las demás formas de oración tienen también demasiadas manifestaciones externas y demasiadas recompensas sociales, lo que contribuye a fomentar el tipo de mente calculadora. Hace muchos años que yo veo esto en comunidades religiosas y parroquias donde se recitan oraciones todos los días: las motivaciones y metas de muchas personas siguen reflejando las del mundo en general. Pero Jesús dice con mucha sabiduría: «Y cuando hagáis vuestra oración, no seáis como los hipócritas, que gustan de orar erguidos en las sinagogas y en las esquinas de las plazas, para exhibirse ante la gente. Os lo aseguro: ya están pagados» (Mt 6,5). De nuevo, me parece increíble que esta frase haya surtido tan poco efecto en la manera cristiana de orar.

¿Tal vez porque creíamos que orar erguidos en las sinagogas era malo, pero orar erguidos en las iglesias era bueno?

A lo largo de más de dos capítulos del Evangelio de Mateo (6 y 7), Jesús nos advierte contra las inconscientes recompensas sociales en distintos ámbitos de proyección pública: la oración, el ayuno, la limosna, el vestido, el dinero, los sistemas de clase, los juicios sociales y las posesiones. Todas estas cosas alejan a la gente de cualquier nivel profundo y de afrontar sus verdaderos problemas. Debemos admitir que, a este respecto, las culturas cristianas no se han diferenciado mucho de las demás. Tal vez podríamos citar aquí la famosa frase en latín *lex orandi est lex vivendi*: «dime cómo oras y te diré cómo vives». Según vivas por dentro así gestionarás las cosas por fuera. Si la oración como tal es en su mayor parte una actuación externa, entonces *no* habrá una vida interior que nos permita ser personas honestas, reales, bien fundamentadas.

Jesús «se fue a un lugar solitario» (Mc 1,35) a orar, lo que requiere mucho más valor, decisión y confianza que la mera asistencia a un servicio religioso. Estoy seguro de que Jesús también acudía al templo y participaba en los servicios religiosos de la sinagoga, aunque apenas se mencione esto en los Evangelios. No se dice que leyera o enseñara en la sinagoga, algo que es bastante diferente a orar (véase, por ejemplo, Lc 4,16.31-32). Tal vez podamos ver mejor en otras religiones las limitaciones de un excesivo hincapié en la oración social. Muchas hacen este hincapié de manera más regular y rigurosa que las cristianas; pero también pueden quedarse en unos niveles muy bajos por lo que a un verdadero cambio de conducta se refiere. Esto lo podemos comprobar tal vez en los Evangelios de Lucas y Marcos con motivo del primer encuentro de Jesús con un endemoniado: ¡tiene lugar en la propia sinagoga! (Mc 1,23-24). Sí, hay que reconocer que existe también la adicción a la religión, tema sobre el que se han escrito muchas cosas interesantes estos últimos años.[3] La religión puede contener también su propio demonio. ¿Qué mejor sitio para esconderse?

La oración social puede mantener unido al grupo, pero no cura necesariamente el corazón o el alma del grupo; a veces ocurre precisamente lo contrario, puesto que lo une contra un enemigo o herejía comunes. Hace poco, vi por la tele a un grupo de musulmanes que acababan de salir de orar en la mezquita cerrando el puño con odio e imprecando contra los enemigos. También conozco a muchos clérigos cristianos que llevan

---

3. Leo Booth, *When God Becomes a Drug*, Cheadle (UK), SCP, 1998; Robert Neil Minor, *When Religion Is an Addiction*, St. Louis (MO), Humanity Works, 2007.

buena parte de su vida celebrando liturgias y siguen siendo infantiles, espiritualmente hablando. Seguro que vosotros conocéis también a más de uno. «Lo que sale del interior del hombre, eso es lo que contamina al hombre. Porque de lo interior, del *corazón* de los hombres [esta palabra se refiere al inconsciente], proceden las malas *intenciones* [...] que contaminan al hombre» (Mc 7,21.23). Así pues, debemos procurar tener una forma de oración que nos cambie desde dentro. La intencionalidad y la verdadera motivación no son una moderna idea psicológica de autoayuda. Jesús habló de «la copa y el plato limpios por dentro» en contraposición a nuestra preocupación por «la copa y el plato limpios por fuera» (Mt 23,25-26). Es decir que Jesús intentó mover la historia hacia la interioridad en la medida de lo posible, pero su intento parece que ha encontrado siempre mucha resistencia.

UN CONTACTO CONSCIENTE CON DIOS

El programa de los doce pasos se adelantó bastante a su tiempo, pues reconoció nuestra necesidad de unas formas de oración y de meditación que nos condujeran a un «contacto consciente con Dios», más allá de una mera y correcta repetición de títulos, nombres y fórmulas, objeto de disputa por parte de las distintas religiones («Dios, como nosotros lo concebimos»). Este undécimo paso puede llevarnos a un verdadero e íntimo «conocimiento de su voluntad para con nosotros» (no al conocimiento de unos simples mandamientos externos para todos), así como a la necesaria «fortaleza para cumplirla» (una habilitación interior y una nueva motivación a partir de una Fuente más profunda). ¿Cómo puede alguien decir que los doce pasos no son unos pasos profundamente inspirados?

Los frutos de la oración y la meditación son tan evidentes que, lo diré, fue gracias a la enseñanza del undécimo paso como pude entrar en las cárceles de Folsom y Saint Quentin. Las autoridades locales reconocieron que esta nueva oración sosegada estaba «cambiando a la gente» de verdad, incluida la que se hallaba en el corredor de la muerte o condenada a cadena perpetua. Durante muchos años formé parte de servicios religiosos que «competían entre sí» en la cárcel de Albuquerque, donde cada grupo discrepaba sobre aspectos externos relacionados con el estilo de adoración, tipo de denominación, vocabulario y cosas así. Pero cuando hacíamos juntos la oración contemplativa o la *centering prayer* (la «oración centrante»), casi todas las discrepancias se esfumaban, e incluso dejaba de tener importancia quién dirigía el servicio. No tenía

ningún sentido pelearse por cuestiones relaciona-
das con el clero, el género, la ordenación...; solo
importaba la actitud y la autenticidad.[4]

Permítaseme terminar el capítulo con una her-
mosa cita de Thomas Merton, quien dijo: «La
voluntad de Dios no es un "sino" al que debemos someternos, sino un acto creador en nuestra vida que produce algo absolutamente nuevo,
algo hasta ahora no contemplado por las leyes ni
por los patrones establecidos. Nuestra colaboración no consiste solo en conformarnos a unas
leyes externas sino en abrir nuestras voluntades
a este acto mutuamente creador».[5]

Esta divina *sinergia*, la voluntad de la gente
para trabajar creativamente con las cartas que la
vida y el pecado, las circunstancias y Dios le han
repartido, es nuestra más profunda vida de oración y devoción. ¡Esto sí que es «hacer la voluntad de Dios»! Seguiremos teniendo miedo de
—y estando poco familiarizados con— esta sosegada autoridad interior, la «ley escrita en nuestros corazones» prometida por Jeremías (31,33),

4. Véase «Contemplative Outreach» en www.contem-
plativeoutreach.org, y «World Community for Christian
Meditation», www.wccm.org.

5. Thomas Merton, *Journals of Thomas Merton*, 3 de
agosto de 1958, vol. III, Nueva York, HarperOne, 1999,
p. 121 [trad. cast.: *Diarios (1939-1968)*, Bilbao, Mensa-
jero, 2014].

hasta que emprendamos un verdadero viaje de «oración y meditación». Hasta entonces, la religión consistirá, en su mayor parte, en cuestiones de orden externo y en fórmulas sobre las que nos pelearemos o mostraremos divididos. Espero que este capítulo nos lleve a este viaje de «contacto consciente», en el que no hay nada por lo que pelearse sino solo realidades de que disfrutar.

La disposición de las personas para encontrar a Dios en su lucha con la vida —*y para dejar que ello las cambie*— es su obediencia más profunda y verdadera a la voluntad eterna de Dios. Debemos admitir que esto es lo que todos nosotros hacemos de todos modos, ya que ¡«Dios viene a nosotros disfrazado de nuestra vida»! No olvidemos nunca que *el deseo más sentido de hacer la voluntad de Dios es, en realidad, la voluntad de Dios más auténtica*. En este punto, Dios gana y el ego pierde, pues nuestra oración ya ha sido contestada.

Resumiremos la importancia de una mente alternativa con este hermoso mensaje de fuente desconocida:

Vigila tus pensamientos; se convierten en
    [palabras.
Vigila tus palabras; se convierten en acciones.
Vigila tus acciones; se convierten en hábitos.
Vigila tus hábitos; se convierten en carácter.
Vigila tu carácter; se convierte en tu destino.

CAPÍTULO 12

Uno recibe lo que da

◆

Habiendo obtenido un despertar espiritual como resultado de estos pasos, tratamos de llevar el mensaje a los alcohólicos y de practicar estos principios en todos nuestros asuntos.
Duodécimo de los doce pasos

◆

«Tú me curarás. ¡Dame la vida! Mirad, en salud
se cambió mi amargura. Tú has preservado mi vida
de la fosa de la ruina, pues te has echado a la espalda
todos mis pecados. Los vivos, los vivos te alaban
como yo hago hoy».
Isaías 38,16-17.19

«Lo que oímos y sabemos y nuestros padres nos
contaron, no podemos callarlo ante sus hijos, sino
contarlo a las generaciones venideras».
Salmos 78,3-4

«Simón, Simón [...], tienes que ser cribado
como el trigo. Y luego tú, cuando te hayas vuelto,
confirma a tus hermanos».
Lucas 22,31-32

«Gratis lo recibisteis, dadlo gratis».
Mateo 10,8

Después de más de cuarenta años intentando enseñar el Evangelio, construir comunidades y formar a dirigentes y presbíteros, estoy convencido de que uno de mis mayores fracasos ha sido el de no exigir más a la gente desde el principio. Si uno no se vuelca pronto hacia fuera, ya no tenderá nunca a hacerlo, y su preocupación dominante se reducirá a un autodesarrollo personal, a un consumismo espiritual, a un mero «asistir» a las cosas de la Iglesia o, por usar una frase muy corriente entre los cristianos, a «profundizar mi relación con Jesús» (de la que se suelen rendir pocas cuentas, todo hay que decirlo). Bill Wilson pareció reconocer este peligro desde el principio.

Hasta que el egocentrismo básico de la gente no quede radicalmente denunciado, expuesto tal y como es y fundacionalmente redirigido, buena parte de la religión se reducirá a colocar hamacas en una especie de *Titanic* y a navegar con pasajeros aislados, cada cual con su programa de felicidad personal mientras todo el barco empieza a hundirse. Me temo que Bill Plotkin, psicólogo y encargado de actividades culturales, lleva toda la razón del mundo cuando afirma que vivimos en una cultura «patológico-adolescente».[1] Uno de los pocos grupos que hablan de este fenómeno sin pedir disculpas es Alcohólicos Anónimos. Leamos, por ejemplo, en el *Libro grande:* «Así es que nuestras dificultades, creemos, son básicamente producto de nosotros mismos; surgen de nosotros, y el alcohólico es un ejemplo extremo de la obstinación desbocada, aunque él piense que no es así. Por encima de todo, nosotros los alcohólicos tenemos que librarnos de ese egoísmo. ¡Tenemos que hacerlo o nos mata!». Qué valentía hay que tener para expresarse de esta manera...

¿Por qué no podemos ser todos igual de sinceros y, por tanto, ayudar de verdad a los demás? Pues bien, en el duodécimo paso se nos ofrece una buena manera de poner a la vista y transformar esta patológica adolescencia al decirnos muy pronto que debemos servir a los demás. No es una opción ni algo a lo que podamos ser «llama-

1. Bill Plotkin, *Nature and the Human Soul*, Novato (CA), New World Library, 2008.

dos» al final, tras treinta y cinco retiros religiosos y cincuenta años de servicios eclesiásticos; no es algo que hacemos cuando actuamos según los cánones. No, no comprendemos verdaderamente nada de orden espiritual hasta que no lo regalemos a los demás. Los regalos espirituales solo aumentan si los «usamos», mientras que los regalos materiales suelen disminuir con el uso.

Es la ley kármica de que lo que entra sale y viceversa, y lo que Jesús quiso decir también cuando mandó a sus discípulos a «expulsar espíritus impuros y a curar toda enfermedad y toda dolencia» (Mt 10,1) o «ir por todo el mundo a predicar el Evangelio a toda la creación» (Mc 16,15). Él sabía que teníamos que transmitir, que regalar, el mensaje antes de entenderlo realmente o de poder apreciarlo bien nosotros mismos. Tras cuarenta años predicando, no me cabe la menor duda de que ha sido mi trabajo predicando, enseñando y asesorando a los demás lo que me ha vuelto a convencer ¡y parcialmente convertido!

Jesús no habló nunca de formar un nuevo grupo excluyente, sino de transmitir un mensaje que marcara realmente la diferencia para la gente y para toda la sociedad humana. Como dice la undécima tradición de AA: «Nuestra política de relaciones públicas se basa en atraer más que en promover». Si realmente cura, la gente vendrá, sostiene AA, mientras que muchas religiones organizadas predican más bien esto: «Ven y únete a nuestro grupo, y a lo mejor un día te podemos curar un poco». Francis McNutt, formado en la «Orden de los Predicadores» dominicos, llama a esto «el crimen casi perfecto»: aunque Jesús pasó todo su ministerio predicando y curando —la curación validaba la predicación—, la mayor parte de la historia de la Iglesia ha transcurrido haciéndose mucha predicación y poca curación.[2] *Los seminarios están ideados para formar a maestros y predicadores, no a sanadores.*

Nos habría ido mejor si hubiéramos tomado más en serio esa casi arrinconada Carta de Santiago, que Lutero llamó «la epístola de paja». Yo creo personalmente que esta epístola, probablemente escrita por un hermano de Jesús, o al menos un cabecilla de la Iglesia de Jerusalén, representa el mensaje más primitivo del cristianismo. En aquel momento de nuestra historia había más *cristianismo vital* que teorías doctrinales. Santiago siempre insiste más en la «ortopraxis» que en la mera ortodoxia verbal. «Porque quien escucha la palabra y no la pone en práctica se parece a un hombre que se mira la cara en un espejo: se miró, se marchó, y enseguida se olvidó de cómo era» (1,23-24). Para Santiago, «quien

2. Francis McNutt, *The Nearly Perfect Crime*, Grand Rapids (MI), Chosen, 2005.

pone la palabra por obra, será dichoso al practicarla» (1,25) y «así también la fe, si no tiene obras, está muerta en sí misma» (2,17). Santiago es un verdadero paladín del enfoque conductual del duodécimo paso.

¿Qué me hace pensar a mí, o a cualquier otra persona, que creemos realmente en Jesús, y mucho menos que lo seguimos, si no transmitimos o compartimos de alguna manera nuestra fe «con uno de estos hermanos más pequeños» (Mt 25,40), según nos ordenó Jesús? Esto es el equivalente espiritual de la primera ley de la termodinámica: *la energía no se puede crear ni destruir realmente, simplemente se convierte en otros usos*. Lo que viene *debe* ir de nuevo, o de lo contrario ya no vuelve a venir.

INHALAR Y EXHALAR

Cualquier persona se sofocará si respira siempre hacia dentro. La palabra hebrea para nombrar al Único Santo, literalmente el inefable, es «Yahvé», que se cree era una imitación del sonido combinado de inspirar y de espirar.[3] Ese nombre no se podía pronunciar, solo respirar. El nombre

3. Richard Rohr, *The Naked Now*, Nueva York, Crossroad, 2009, cap. 2.

sagrado de Dios (Éx 3,14) nos revela ya el paradigma más profundo de toda realidad, que es el ciclo de recibir y volver a dar. Es la forma de toda creación, que los cristianos llamaron «el círculo trinitario de la inhabitación y la efusión» y era la forma misma de Dios y de toda realidad formada a imagen de Dios.[4] Todo está ahí, cual código cósmico oculto, en el principio y fundación misma de nuestras tradiciones.

Contaré algo sobre un estupendo sacerdote que fundó una parroquia increíble y eficaz en el Estado de Nueva York. Un día me dijo que a todos los nuevos miembros que acudían a la parroquia los recibía con estas palabras: «¿Y en qué grupo de trabajo lo puedo apuntar?». Era una condición *sine qua non* para ser feligrés. Allí no se aceptaba el mero asistir ni ningún tipo de excusa. Yo creo que en la mayoría de las parroquias católicas hay un grupo de incondicionales que acuden a misa todos los días y oyen el correspondiente sermón, y es para estos para los que encendemos la luz y la calefacción. Según un estudio reciente, no son los mismos que hacen la mayor parte del ministerio o del trabajo voluntario en la iglesia. Simplemente «asisten» a su función espiritual diaria. Sin darnos cuenta, los estamos entrenando

---

4. Richard Rohr, «The Divine Dance», juego de CD, disponible en www.cacradicalgrace.org.

para tomar y *no dar*. No es de extrañar que, con tantos miembros pasivos, nos hayamos reducido en buena parte a una mera religión civil y a un catolicismo cultural.

AA llamaría esto *posibilitar una codependencia malsana;* por cierto, organiza reuniones especiales para esta enfermedad precisa, es decir, para quienes la fomentan, permiten y se aprovechan de ella. Se llama Al-Anon. Para estos miembros codependientes de nuestras Iglesias, debemos aprender a distinguir entre lo que solo parece afecto y lo que es realmente afecto. AA reconoce que casi todo el mundo necesita un amor «puro y duro» (según el dicho de «quien bien te quiere te hará llorar»), pues de lo contrario la persona no irá más allá de su egoísmo inherente. La pertenencia pasiva no solo crea una dependencia pasiva sino también, demasiado a menudo, una conducta pasiva-agresiva, sobre todo cuando los susodichos incondicionales no consiguen las cosas a las que se le ha acostumbrado. Todo pastor de una parroquia sabe perfectamente a lo que me estoy refiriendo. Muchos católicos archiconservadores son unos grandes amantes del papado hasta el día en que el papa habla sobre los males de la guerra, del capitalismo, de la pena capital o sobre los derechos de los trabajadores (de hecho, a menudo se niegan a reconocer que el papa haya dicho tales cosas). Esta es la conducta pasiva-agresiva con la que podemos esperar encontrarnos cuando no ha habido un despertar espiritual.

Habiendo obtenido un despertar espiritual

Volvamos ahora a la cuestión por la que todo debe empezar: a la necesidad de «una experiencia espiritual vital» o a lo que el duodécimo paso denomina «despertar espiritual». Es el plan y el programa fundamentales para la liberación humana. Sí, Dios podría habernos creado ya despiertos, pero entonces nosotros habríamos sido unos meros robots o clones. Si Dios ha revelado algo sobre quién es Dios, entonces está claro que *Dios ama y respeta la libertad, hasta el sumo, pleno y más arriesgado de los grados.* Dios deja que el mal siga su curso, y ni siquiera detiene a Hitler ni a las personas que torturan a niños. Volveremos sobre esto más detenidamente en el último capítulo.

Una espiritualidad buena consigue dos cosas enormes al mismo tiempo; en primer lugar, mantener a Dios absolutamente libre, no atado por ninguno de nuestros formulismos, y, en segundo lugar, mantenernos a nosotros mismos completamente libres, es decir, no obligados ni constreñidos por ningún tipo de circunstancia, ya se trate de leyes humanas, pecados, limitaciones, fracasos o tragedias. «Cristo nos liberó para que vivamos en libertad», como dice Pablo (Gál 5,1). *Una religión buena es la que mantiene a Dios libre para la gente y a la gente libre para Dios.* Imposible decirlo mejor.

Creedme, es un trabajo a tiempo completo. Jesús pasó la mayor parte del tiempo defendiendo su ministerio sanador frente a las autoridades religiosas, a las que recordó debidamente que «el sábado se instituyó para el hombre, no el hombre para el sábado» (Mc 2,27). Parece como si mantuviéramos atado tanto a Dios como a nosotros mismos dentro de nuestras explicaciones, preferencias e incluso teologías, y como si estos patrones no cambiaran nunca.

Cuando se encuentran estas dos grandes libertades, ¡entonces se produce el despertar espiritual! Y el mundo se abre debajo de nuestros pies y por encima de nuestras cabezas; entonces estamos en un universo conformado de manera diferente. Y no es que Dios decida que unas personas tengan un despertar espiritual y otras no. *El despertar se produce, con la misma certidumbre que el amanecer, cuando se encuentran las dos grandes libertades.* Pero mantener a Dios libre (de la mala enseñanza, del miedo y de la duda) y mantenernos a nosotros libres (del egoísmo, el victimismo y las heridas de infancia) es lo más arduo que hay, la gran tarea de la vida. Cuando las dos libertades se logran simultáneamente —aunque solo sea durante un milisegundo—, se asemejan a dos grandes imanes que se quedan pegados el uno al otro, y, como si se tratara de una fisión nuclear, se produce entonces una explosión. *Este cambio lo cambia todo.* Es un éxtasis a la vez divino y humano.

Para Bill Wilson, no hay recuperación duradera, sobriedad verdadera ni, todavía menos, «sobriedad emocional» sin lo que él llama una «experiencia espiritual vital». En el segundo apéndice del *Libro grande,* distingue entre los términos —frecuentemente usados por él— «despertar espiritual» y «experiencia espiritual vital». Aduce con razón que la mayor parte de los despertares no son «de naturaleza súbita y espectacular, como si de una turbulencia se tratara», aunque esto no sea infrecuente, sino que generalmente son «de índole educativa, pues se desarrollan despacio y a lo largo de mucho tiempo». De manera gradual, uno «se da cuenta de que ha sufrido una profunda alteración en su reacción a la vida, y que dicho cambio difícilmente podría haberse producido por sí solo». Tampoco se podría «haber realizado con muchos años de autodisciplina». Como de costumbre, el libro se muestra aquí a la vez instructivo y brillante.

No hace mucho, tuve ocasión de asesorar a un hombre casado, que, pese a su juventud, estaba muy descontento consigo mismo. Sin ninguna razón aparente, estaba constantemente irritado con los demás, se mostraba agresivo y se ofendía por cualquier insignificancia. En medio de su desesperación y angustia, me preguntó: «¿Cómo podría yo cambiar esto? ¡No sé cómo ser diferente!». Me recordó a Pablo cuando dice: «¡Desdichado de mí! ¿Quién me librará de esta situación que me lleva a la muerte?» (Rom 7,24). Entonces le pregunté si le pasaba lo mismo cuando estaba con sus dos hijos pequeños, y sin dudarlo un segundo contestó: «No, no, nunca».

Seguro que veis lo que quiero decir con esto. La única manera de liberarnos de nuestro «cuerpo de muerte» es mediante *un amor que sea mayor*, mediante una relación que sea más profunda y que absorba toda la negatividad e irritación que mostramos para con la vida y para con nosotros mismos. Hasta que no descubramos nuestra propia base y nuestra relación con el Todo, seguiremos siendo unos seres inestables y enojadizos. Los hijos del hombre de quien acabamos de hablar constituían eso para él, como lo constituyen a menudo los niños para los humanos; pues bien, eso es lo que constituye también para nosotros una experiencia espiritual vital. Con esta, sabemos que ya somos de la partida, que nos sostiene una Fuerza Mayor, y por alguna razón ilógica nos parece que la vida no está tan mal, e incluso que es buena y justa. Nos sentimos contentos de encontrarnos a bordo de este barco llamado Vida, todos los días y todo el tiempo.

¿Sabéis por qué la mayoría de los humanos son llamados al matrimonio, y «salvados» por el matrimonio y los hijos, incluso los matrimonios que no duran para siempre? *El matrimonio y la familia están hechos para apartarnos de nuestro egoísmo.* Primero nos revela nuestro egoísmo (los siete primeros años tras la luna de miel, según me cuentan, no son nada fáciles), y después, si seguimos ahí, y «caemos en» *un amor que es mayor,* ya suele ser mucho más fácil. Pero no sin trabajo, pues el ego y la sombra «no entran dócilmente en esa buena noche», como diría Dylan Thomas.

Debemos buscar incesantemente «caer en» *un amor que sea mayor* tanto para con los amigos como para con los hijos. Para caer en este Amor que es «el Mayor» debemos entrenarnos sin cesar. Todos los amores son una escuela del amor —una variedad propia de experiencia espiritual vital— hasta que se establece por fin una perdurable Relación con lo Real. Aprendemos a «enamorarnos» cayendo muchas veces, y cayendo aprendemos también a recuperarnos de las numerosas caídas. ¿Cómo, si no, nos íbamos a recuperar? Pero lo mejor de todo es que solo sabemos que el amor es caer en él, casi en contra de nuestra voluntad, porque también da miedo y es demasiado grande para ser rebuscado, confeccionado o incluso imaginado anticipadamente. El amor, como Dios, «es algo duro y terrible», según el escritor ruso Fiodor Dostoyevski. Y yo me pregunto si esta no es la razón por la que solemos querer y a la vez evitar una experiencia espiritual vital.

El duodécimo paso nos dice algo muy arriesgado, pero muy verdadero, cuando afirma que tendremos dicho despertar espiritual «como resultado de estos pasos». Bill Wilson sabe bien que no podemos programar la gracia y la misericordia; entonces ¿por qué lo formula de esta manera? El despertar espiritual no lo creamos ni aprendemos mediante nuestro trabajo interior; sin embargo, sin el trabajo de caer y dejar ir, no suele producirse. Las dos libertades no se encuentran mutuamente. Sospecho que Bill Wilson sabía que somos unos americanos «emprendedores» que necesitamos un programa para echar a andar. Pero también sabía que solo después sabríamos que, en definitiva, todo es gracia.

Una enfermedad espiritual

Permitidme que termine recordando que la adicción la han descrito de estas maneras: como una debilidad moral, una simple falta de fuerza de voluntad, una cobarde incapacidad para hacer frente a la vida, y también como una enfermedad espiritual. Yo, por supuesto, creo y estoy convencido de que es esto último. La adicción es una enfermedad espiritual, una enfermedad del alma, una enfermedad fruto de un anhelo, un deseo frustrado, una profunda insatisfacción, lo que, por irónico que pueda parecer, es el necesario principio de todo camino espiritual.

La razón por la que AA ha tenido más éxito que la mayoría de las Iglesias en cuanto a cambiar a la gente y ayudarle de verdad es porque trata la adicción a la vez *de manera espiritual y como una enfermedad*, en vez de como un fracaso moral o una cuestión de mera fuerza de voluntad. En el ámbito de las Iglesias, tendemos a tratarla en términos de culpabilidad personal, lo que solo produce un mayor retraso en la curación y esa respuesta pasivo-agresiva que he mencionado antes. AA dice, de manera muy inspirada, que los adictos son almas que buscan amor en lugares equivocados, pero que no por eso dejan de buscar amor. El alcoholismo es un deseo profundamente frustrado, como lo son todas las adicciones. El programa de los doce pasos ha descubierto con el tiempo que la adicción surge de *una falta de experiencia interna de intimidad con uno mismo, con Dios, con la vida y con el momento presente.* Yo mismo también bebería para olvidar, o buscaría alguna manera de conectar con la realidad tangible, si me viera tan desprovisto de amor, estima, alegría o comunión.

Conviene también recordar que muchos adictos tienden a confundir la *intensidad con la intimidad* al igual que la mayoría de los jóvenes la confunden con el ruido, con una euforia artificial o con una sobrestimulación de cualquier tipo. La intensidad fabricada y la verdadera intimidad son dos cosas completamente opuestas. En su búsqueda de intimidad, el adicto toma una falsa dirección, con suerte un rodeo, y se relaciona con un objeto, una sustancia, un acontecimiento o algo repetitivo (comprar, pensar, culpar, abusar, comer) de una manera que no funciona —ni puede funcionar— para él. Con el tiempo, se ve obligado a «aumentar la cantidad» cuando ve que la dosis no basta, no funciona. *Cada vez necesita más algo que no funciona.* Y si algo le llega a funcionar, cada vez le satisface menos. En sus días buenos, hasta un simple insecto podría hacerle volverse hacia Dios.

La comida buena y nutritiva no necesita sofisticadas salsas, el arte pretencioso flaquea ante las líneas y texturas simples de la naturaleza, la música apacible satisface profundamente, un toque afectuoso en el brazo es mejor que un falso orgasmo y, después de ayunar, un poco de comida le produce a uno un alegrón, una nueva sensación, la sensación de que «¡nunca me había sabido tan bien como ahora!». Cuando regreso de mis retiros cuaresmales de «baja estimulación», necesito muy poco para que me parezca delicioso. Todo me parece pintado con colores vivos, frescos. Pues bien, el adicto se niega a sí mismo este gozo, una felicidad que se halla por doquier y en todo momento, una sensación de bienestar y de estar vivo notando simplemente que nuestros pies conectan afectuosamente con el suelo que está debajo de nosotros, y nuestra cabeza y pelo con el aire que no merecemos.

Los adictos desarrollan un amor y una relación de confianza con una sustancia o una compulsión de algún tipo, que se convierte en su principal relación emocional con la vida como tal. Es un dios que no puede salvar. Es una intensidad momentánea que confunden con la intimidad que realmente necesitan y que siempre se pasa enseguida.

Me dicen que en la Biblia hebrea solo hay realmente un pecado, y que ese único pecado es la *idolatría*, es decir, convertir en dios algo que no es Dios. Como dice el salmista tan atinadamente, estos ídolos «tienen boca y no hablan, tienen ojos y no ven, tienen oídos y no oyen, tienen nariz y no huelen, con sus manos no tocan, con sus pies no caminan. *Y como ellos serán los que los hacen y todos los que a ellos se confían*» (Sal 115,5-8). Ahí queda dicho, con la misma sinceridad descarnada y sin tapujos que caracteriza al programa de los doce pasos. Así pues, todos nosotros, que somos unos consumidores compulsivos e inconscientes por igual, por favor, no perdamos más tiempo adorando a un dios que no puede salvarnos. Estamos hechos para respirar el Aire que siempre nos rodea, nos alimenta y nos llena. Algunos lo llaman Dios.

Con estas doce lecciones de respiración tan importantes, ya sabéis por vosotros mismos que podéis respirar, e incluso respirar debajo del agua. Porque el aliento de Dios está por todas partes.

Solo un Dios que sufre
puede salvar

◆

Pues ¿quién ignora, a poco que haya manejado el Evangelio, que Cristo se atribuye a sí mismo y considera como propias las cosas que sobrevienen a los creyentes? *Orígenes, Tratado obre la oración*[1]

◆

1. Orígenes, *Tratado sobre la oración*, Madrid, Rialp, ³2004, p. 83.

La *teodicea* es una rama de la teología que ha barajado muchos argumentos sobre el tema de cómo puede ser bueno y justo Dios frente a tanto mal en el mundo, sobre el que no parece hacer nada, salvo algún que otro «cambio personal del corazón». Especialmente si estos corazones cambiados no han controlado la mayor parte de la historia, ni tampoco de las Iglesias.

Hay pruebas aplastantes de que Dios conoce perfectamente —y no detiene— los genocidios, los abusos a menores, las guerras sin freno, casos inauditos de sufrimiento humano y animal, el encarcelamiento de inocentes, la esclavitud sexual, el aniquilamiento sistemático de especies y civilizaciones enteras, la trágica vida que llevan los adictos y sus codependientes... Además, Dios parece «causar», o al menos permitir, múltiples desastres «naturales», como sequías, inundaciones, huracanes, tornados, tsunamis, epidemias, malformaciones físicas, enfermedades mentales y enfermedades dolorosas de todo tipo, muchos de los cuales llamamos «actos de Dios» y la totalidad de los cuales son la causa de que haya tanta vida humana «solitaria, pobre, tosca, embrutecida y breve».[2] ¿Cómo podemos digerir todo esto?

Desde mi nivel de observación, la que yo veo no es una creencia en un *Deus ex machina* que venga corriendo a corregir y mejorar las cosas, un «dios tapagujeros» que supla rápidamente nuestra ignorancia y nuestros males. Un «Dios omnipotente» que actúe de manera realmente omnipotente no es desde luego el modelo a seguir, y esto lo digo tras muchos años pensando que tenía que salir en defensa de Dios, ¡como si Dios me necesitara a mí! Yo no veo en absoluto a un Dios todopoderoso que tome el poder. Resultaría muy decepcionante a muchos niveles, y francamente desconcertaría a cualquier mente racional, si fuera eso lo que espera de lo Divino una mente racional. Tiene que haber un mejor encuadre para plantear esta pregunta y ofrecer una posible respuesta. ¿*Cómo* ama y sostiene Dios exactamente lo que él mismo ha creado? Esta es nuestra cuestión.

2. Thomas Hobbes, *Leviatán* (1651), México, Fondo de Cultura Económica, 1998, cap. 13, párrafo 9.

Para mí, hay una manera más fácil y amable de abordar esta cuestión. Si Dios está en cierto modo *en* el sufrimiento, participando también como un objeto sufriente, en plena solidaridad con el mundo que ha creado, entonces puedo prestar algún sentido inicial a Dios y a su creación. Entonces dejo de quejarme y dedico el tiempo a quedarme pasmado y bien despierto ante semejante posibilidad, al menos si *participamos juntos en algo* y el sufrimiento humano tiene algún tipo de dirección o de sentido cósmico. Entonces puedo perdonar a semejante Dios por dejar que nos encontremos en estas aparentes situaciones desesperadas, y tal vez incluso sentir amor y confianza hacia semejante Dios.

Solo si no estamos solos en este universo podremos tolerar nuestra soledad. Solo si hay un resultado mayor y mejor podremos calmarnos y empezar a escuchar y a mirar. *Solo si el sufrimiento humano es ante todo y después de todo sufrimiento divino podremos empezar a sacar alguna conclusión.* Solo si estamos unidos a Dios —y Dios se une a nosotros— en algo mayor que la suma de todas la partes, podremos encontrar la manera de abrirnos paso a través de todo esto. Yo conozco a muchas personas para las que este acto de confianza ha sido suficiente para poder mantener la cabeza bien alta y el corazón bien abierto, incluso en el infierno. La confianza en el

Jesús crucificado —y resucitado— ha «salvado», sin duda, a muchas personas.

Personalmente, no sé cuántos de los elaborados argumentos de la teología y la teodicea acaban ayudando o convenciendo a alguien, excepto a quien ha encontrado a ese que los cristianos llaman *un Dios crucificado;* a los demás solo les queda romper o renegar. Muchas de las personas más felices y pacíficas que conozco aman a un Dios que camina junto con las personas crucificadas y de este modo *revela y «redime» sus angustias como la suya propia.* Para esas personas, Jesús no observa el sufrimiento humano desde la distancia sino que está en cierto modo *en* el sufrimiento mismo, junto con nosotros y para nosotros, incluyendo nuestro sufrimiento en la co-redención del mundo, pues «toda la creación está gimiendo y sufriendo dolores de parto» (Rom 8,22). ¿Es esto posible? ¿Puede ser verdad que «estemos completando en nuestra carne lo que falta a las tribulaciones de Cristo a favor de su cuerpo, que es la Iglesia» (Col 1,24)? ¿Es que somos de alguna manera socios de lo divino?

¿Es este el camino que realmente nos importa? ¿Es este el precio por nuestra inclusión en el Gran Misterio, que Dios ha vivido primero y ante todo? ¿Es Dios verdaderamente y por siempre una Gran Efusión, como parece decirnos el modelo trinitario? Cuando veo a los animales, a las plantas e incluso a las estrellas morir tan de buen grado y ofrecer sus cuerpos a otra generación, o a otra especie, o para la iluminación del universo, empiezo a ver este único modelo por todas partes. Es el nivel de amor más verdadero que hay, pues en ese nivel todas y cada una de las cosas se ofrecen a las demás. ¿Aprendería a amar alguno de nosotros si esto no se nos pidiera y tomara, y no fuera provocado por las lágrimas humanas y las tragedias de este mundo? ¿Es necesario el sufrimiento para enseñarnos a amar y a preocuparnos los unos por los otros? Yo creo que es así realmente..., ¡por mi propia observación!

Qué puede ser realmente respirar bajo el agua

Sobre a dónde está llevando esta «lógica», diré que *solo las personas que han sufrido de alguna manera pueden salvarse las unas a las otras*, exactamente como lo describe el programa de los doce pasos. *La profunda comunión y la afectuosa compasión son más fruto del dolor compartido que del placer compartido.* Yo no sé por qué es esto cierto, pero sé que no somos salvados por ninguna fórmula, teología o sacerdocio que sean extraños al viaje humano como tal. «Simón, Si-

205

món [...], tienes que ser cribado como el trigo. Y luego tú, cuando te hayas vuelto, confirma a tus hermanos» (Lc 22,31-32), dice Jesús a Pedro. ¿Fue esta su verdadera ordenación al ministerio? No se menciona ninguna otra. Yo creo que esta es la única ordenación que importa y que transforma al mundo. Los sacerdotes propiamente ordenados pueden ayudar mediante la Eucaristía a saber por qué eso es cierto, pero los sacerdotes verdaderamente ordenados ayudan a las personas a saber *quiénes son ellas* mientras «confirman a sus hermanos».

Solo quienes han intentado respirar bajo el agua saben lo importante que es respirar y nunca volverán a dar la respiración por algo supuesto. Son los únicos que no se toman a la ligera el naufragio ni el ahogamiento; los únicos que pueden nombrar correctamente la palabra «curar», los únicos que saben *de* qué han sido salvados y los únicos que desarrollan la paciencia y la humildad necesarias para hacer las preguntas adecuadas sobre Dios y sobre ellos mismos.

Ya veis, *solo los supervivientes conocen todo el terror de la travesía, solo ellos conocen los brazos que se agarraron a ellos todo el tiempo y el poder de los obstáculos superados.* Lo único que pueden hacer es dar gracias a Dios ¡por haber podido contarlo! Para el resto de nosotros, es mera especulación, mera teoría sobre la salvación, mera «teología».

Las suyas no son las típicas peticiones prematuras de una mera curación física o de unos simples cuidados médicos, tal y como imaginaron, los primeros, los leprosos y el ciego de los Evangelios. Quienes han hecho la travesía están ahora dentro de un Campo de Visión Mucho Mayor. Saben que son todavía y para siempre alcohólicos, pero ahora se les ha revelado —y les ha sido dado— algo mejor en el proceso mismo de pasar al otro lado, algo que solo ellos pueden saber desde este otro lado. Solo después de la segunda imposición de manos de Jesús pudo el ciego de Betsaida decir que «distinguía todo perfectamente desde lejos» y que sabía que «estaba curado» (Mc 8,25). En la primera imposición de manos decía, empero: «Veo hombres, me parecen como árboles que andan» (8,24), lo que podría simbolizar la fase inicial de la recuperación de una mera adicción física. La plena iluminación emocional, espiritual y relacional solo viene con el tiempo, cuando ya podemos ver «clara y distintamente». Esta segunda curación es la más importante.

Quienes han hecho la travesía encuentran al final un mundo mucho más amplio hecho de *aguante, sentido, esperanza, autoestima, deseo profundo y verdadero, pero, más especialmente, encuentran un pozo sin fondo de amor tanto dentro como fuera.* Su búsqueda del tesoro ya ha terminado, ¡ya están en casa, y están en casa libres! Los Padres de la Iglesia de Oriente llamaban a esto la *theosis* de la transformación, es decir, el proceso de divinización de la persona humana. Esta profunda transformación no se logra con magias, milagros ni clericalismos de ningún tipo, sino con una «experiencia espiritual vital» que se halla disponible para todos los seres humanos. Ello conduce a una sobriedad emocional, a una libertad inmensa, a una compasión natural y a una sensación de unión divina, que es el significado más profundo y universal de esa palabra tan usada que es la *salvación*. Solo quienes han pasado al otro lado conocen el verdadero significado de esa palabra, y saben que no es solo una palabra.

Es precisamente en este punto donde el Dios sufriente y el alma sufriente pueden y suelen encontrarse. Es en este punto donde el sufrimiento humano cobra todo su sentido espiritual, no para la mente racional, la mente lógica, ni siquiera para la mente «justa y equitativa», sino para la lógica del alma, una lógica que yo formularía de esta manera:

Las personas que sufren pueden amar y confiar [en un Dios que sufre.
Solo un Dios que sufre puede «salvar» a las [personas que sufren.

Quienes han atravesado esta sima pueden
[salvarse mutuamente.

Cualquier otro dios se convierte entonces en un
espectador culpable, en un dios en el que no podemos confiar del todo, y mucho menos amar.
Los cristianos no deberían, empero, insistir en
que «mi Poder Superior es mejor que tu Poder
Superior». Eso es amor a uno mismo y no amor a
Dios. Pero conviene que los cristianos sepan que
su Jesús fue *hecho por encargo* para los problemas
cruciales de la adicción y el sufrimiento humano.
Desde la cruz, Jesús atrae hacia sí a todas las personas que sufren.

¿Hay acaso algún adicto humillado y herido
que no pueda mirar la imagen del Jesús crucificado y verse a sí mismo? ¿Quién no se rendi-
ría a y comulgaría con semejante Dios crucificado, el cual, contra toda expectativa, comparte
nuestra impotencia, nuestros defectos y nuestra
indignidad? ¿Quién no se sentiría *revelado, re-
nombrado y liberado* en comunión con semejante
Dios? Como dijera hace ya muchos años el teólogo Sebastian Moore en un libro del mismo
nombre: «El Jesús crucificado no es ningún extraño». Jesús no es un extraño para la historia,
no es un extraño para el alma, no es un extraño
para nadie que haya sufrido, pero sí es un extraño para todos los demás, incluidos muchos

cristianos. Jesús es ante todo *el Dios de todos los que sufren*, a diferencia de los dioses tribales circunscritos dentro de los límites de una única religión. Jesús no compite con ninguna religión del mundo, solo compite sin cejar con la muerte, el sufrimiento y el sentido trágico de la vida como tal. Esta es la única batalla que él quiere ganar. Y la gana al incluirlo todo dentro de su cuerpo, «gimiendo y sufriendo dolores de parto [...] aguardando con ansiedad la redención de nuestro cuerpo» (Rom 8,22-23). ¡Por fin he dado con la respuesta!

LA TERRIBLE GRACIA DE DIOS

Las criaturas que sufren en este mundo pueden contar con un Ser que no las juzga ni condena, ni se mantiene nunca al margen respecto de su aflicción, antes bien, es un Ser que está con ellas y fluye a través de ellas, e incluso va hacia ellas en su desesperación. ¡Qué diferente de tantos dioses avaros y sanguinarios que encontramos a lo largo de la historia de la humanidad! ¿Qué otra cosa podía salvar al mundo? ¿Qué otra cosa podía amar al corazón humano? Es más, este Dios desea amar y ser amado antes que ser servido (Jn 15,15). Qué maravilloso es esto, ¿no? Pone patas arriba toda la historia de la religión.

Jesús dijo de sí mismo: «Y cuando a mí me levanten de la tierra en alto, atraeré a todos hacia mí» (Jn 12,32) y «ríos de agua correrán de mi seno» (7,38). Solo el «áspero y formidable» mezclarse del amor divino con las lágrimas humanas puede abrir las profundas compuertas tanto de Dios como del alma, y, debo creer, abrirá finalmente las compuertas de la historia como tal. Ahí echaré yo mi ancla.

Llorar por uno es llorar por todos. Llorar *con* todos es participar plenamente en la fundación misma del Ser como Tal. Por alguna razón que todavía no logro entender, *la belleza duele*. El sufrimiento abre un canal a través del cual toda la Vida fluye y gracias al cual respira toda la creación, si bien yo no sé todavía por qué. Esto posee una cierta belleza, aunque sea una belleza triste y trágica.

Y ahora permitidme que termine citando a un sabio dramaturgo griego (lo que debería ser una prueba más de que es el mismo Espíritu Santo el que viene guiando toda la historia). Esquilo, que vivió del 525 al 456 a.C., no vivió en realidad *antes de Cristo*, sino que, con su verso conciso y poético, nos ofrece ya el que es el único mensaje eterno. Se trata de una sabiduría que está disponible para todos nosotros, al menos en nuestros últimos años, siempre y cuando le prestemos oído:

El que aprende debe sufrir.
Ni siquiera en los sueños podemos olvidar
    [el dolor,
cae gota a gota sobre el corazón [...]
y en nuestra desesperación, en contra
    [de nuestra voluntad,
viene la sabiduría, por la terrible gracia
    [de Dios.[3]

3. Esquilo, *Agamemnon,* citado en Arthur M. Schlesinger, Jr., *Robert Kennedy and His Times,* Boston, Houghton Mifflin, 1978, pp. 875 y 1020, n. 84.

Alcoholics Anonymous Big Book, Alcoholics Anonymous World Services, 1976 [trad. cast.: Alcohólicos Anónimos, *Este es el Libro grande*, Avilés, Servicio General de Alcohólicos Anónimos, 2015].

Bien, Thomas y Beverly Bien, *Mindful Recovery: A Spiritual Path to Healing from Addiction*, Nueva York, Wiley, 2002.

Buhner, Stephen Harrod, *The Fasting Path: For Spiritual, Emotional, and Physical Healing and Renewal*, Nueva York, Penguin, 2003.

Grant, Robert, *The Way of the Wound: A Spirituality of Trauma and Transformation*, edición del autor, 1996.

Jay, Frances, *Walking with God through the 12 Steps: What I Learned about Honesty, Healing, Reconciliation and Wholeness*, Chicago, ACTA, 1996.

Johnson, Robert A., *Owning Your Own Shadow: Understanding the Dark Side of the Psyche*, San Francisco (CA), HarperSanFrancisco, 1991 [trad. cast.:

Aceptar la sombra de tu inconsciente: comprender el lado oscuro de la psique, Barcelona, Obelisco, 2010].

K., Herb, *Twelve Steps to Spiritual Awakening: Enlightenment for Everyone*, Torrance (CA), Capizon, 2010.

Keating, Thomas, *Divine Therapy and Addiction: Centering Prayer and the Twelve Steps*, Nueva York, Lantern, 2009 [trad. cast.: *Terapia divina y adicción: la oración centrante y los doce pasos*, Bilbao, Desclée de Brouwer, 2011].

—, *Open Mind, Open Heart: The Contemplative Dimension of the Gospel*, Nueva York, Continuum, 1998 [trad. cast.: *Mente abierta, corazón abierto: la dimensión contemplativa del Evangelio*, Nueva York, Continuum, 2001].

Kegan, Robert y Lisa Laskow Lahey, *Immunity to Change: How to Overcome It and Unlock the Potential in Yourself and Your Organization (Leadership for the Common Good)*, Boston, Harvard Business School Press, 2009.

Kurtz, Ernest y Katherine Ketcham, *The Spirituality of Imperfection: Modern Wisdom From Classic Stories*, Nueva York, Bantam, 1992.

May, Gerald, *Addiction and Grace: Love and Spirituality in the Healing of Addictions*, Nueva York, HarperOne, 1998.

Mellon, John C., *Mark as Recovery Story: Alcoholism and the Rhetoric of Gospel Mystery*, Chicago, University of Illinois Press, 1995.

Moltmann, Jürgen, *The Crucified God,* Nueva York, Harper & Row, 1974 [trad. cast.: *El dios crucificado,* Salamanca, Sígueme, 2010].

Nakken, Craig, *The Addictive Personality: Understanding the Addictive Process and Compulsive Behavior,* Center City (MN), Hazelden, 1996 [trad. cast.: *La personalidad adictiva: para entender el proceso adictivo y la conducta compulsiva,* México DF, Diana, 1999].

Twerski, Abraham J., *Addictive Thinking: Understanding Self-deception,* Center City (MN), Hazelden, 1997 [trad. cast.: *El pensamiento adictivo: comprender el autoengaño,* México DF, Promexa, 1999].

Webb, Terry, *Tree of Renewed Life: Spiritual Renewal of the Church Through the Twelve-Step Program,* Nueva York, Crossroad, 1992.

Wilber, Ken, *Integral Spirituality: A Startling New Role for Religion in the Modern and Postmodern World,* Boston, Integral, editado por Shambhala, 2007 [trad. cast.: *Espiritualidad integral: el nuevo papel de la religión en el mundo actual,* Barcelona, Kairós, 2007].

Deja ahora las páginas de *Respirar bajo el agua* para mirar dentro de ti. Estas preguntas te servirán para reforzar cada capítulo con unos pensamientos bien meditados. También te servirán para aprehender mejor la energía de cada uno de los doce pasos, tal vez incluso para rendirte a algo más grande que tú mismo. Se irán convirtiendo en un recurso valiosísimo, indispensable, a medida que vayas respirando bajo el agua, tanto si estás solo o con un pequeño grupo. Recuerda que, para poder respirar bajo el agua, es crucial estar abierto a las directrices del Espíritu.

1. «Las personas que no consiguen hacer bien las cosas [...] son las que más a menudo se abren paso hacia la iluminación y la compasión» (p. 38). Piensa en una ocasión en la que sintieras cerca de ti el fracaso y el dolor. ¿Cómo te cambió esta experiencia?

2. «Es el ego imperial el que tiene que irse, pues solo la impotencia puede hacer el trabajo correctamente» (p. 40). ¿Qué aspecto de tu vida sientes necesidad de controlar?

3. «A nadie le gusta ver morir a la persona que cree ser» (p. 42). Descríbete a ti mismo. Ahora reflexiona acerca de dejar ir esa imagen de ti mismo.

4. «Lo que más odia el ego es cambiar» (p. 43). ¿Qué es lo que hace que te resulte tan difícil cambiar?

1. «Se necesita mucha cirugía [...] para que la cabeza, el corazón y el cuerpo bajen sus defensas» (p. 49). ¿En qué aspecto de tu vida te resistes con más fuerza a abrirte a nuevas maneras de ser?

2. «Para tener abierto el espacio de la mente necesitamos algún tipo de práctica contemplativa o de meditación» (pp. 50-51). ¿Cómo puedes empezar a permanecer sosegado y a *estar* simplemente en presencia de este Poder Superior?

3. «Creo también que nuestro corazón necesita romperse y abrirse, al menos una vez, para que podamos tener un corazón propio y también un corazón para los demás» (p. 54). Intenta recordar una ocasión en que se rompiera tu corazón. ¿Ha desembocado ello en una mayor compasión?

4. «Para muchos de nosotros, el cuerpo *se reprime y se niega* incluso más que la mente o el corazón» (p. 55). ¿Recuerdas la última vez que tocaste a alguien o que alguien te tocó? ¿Qué es lo que te retiene para hacer eso?

1. «Aunque rendirse siempre se parezca un poco a morir, es la senda necesaria para la liberación» (p. 61). ¿Qué clase de muerte en tu vida te traería la liberación?

2. «Lo que hace que muchas religiones resulten tan inocuas [...] es el hecho de que raras veces haya habido una concreta "decisión de poner nuestras vidas al cuidado de Dios"» (p. 64). ¿Has tenido alguna vez la experiencia de poner tu vida en manos de Dios? ¿Qué pasó?

3. «Mirad, hay un amor que busca sinceramente el bien espiritual de los demás y otro que busca la superioridad» (p. 67). A partir de tu relación con los demás, intenta recordar un ejemplo de los dos modos de amar.

4. «Nos podemos considerar agraciados con una rendición verdaderamente dulce si podemos *aceptar radicalmente ser radicalmente aceptados, y ¡gratis!*» (p. 74). ¿Has conocido, y cómo, el amor incondicional?

1. «Iniciar un sincero "acotar la sombra", algo que se halla en el núcleo mismo de todo despertar espiritual» (p. 78). ¿Qué parte de ti quieres ver?

2. «La meta es [...] la *lucha como tal,* así como el encuentro y la sabiduría que de ella emanan» (p. 79). Intenta recordar una ocasión en la que lucharas para enfrentarte a la verdad. ¿Qué pasó?

3. «El juego termina cuando vemos claramente, pues el mal solo tiene éxito si se disfraza de bueno, de necesario, de útil» (p. 83). Piensa en una ocasión en que dejaras de negar la realidad y admitieras que determinada situación o relación era mala, innecesaria o perjudicial. ¿Qué pasó?

4. «Dios se sirve de nuestros pecados ¡en nuestro favor! Dios nos lleva —a través de nuestros defectos— de la inconsciencia a una conciencia y una consciencia cada vez más profundas» (p. 84). Piensa en una ocasión en que admitieras un defecto. ¿Produjo esa experiencia un cambio personal, y cómo?

1. *«No podemos curar lo que no reconocemos»* (p. 88). ¿Qué defecto personal te cuesta más reconocer?

2. «Cuando los seres humanos "admiten" ante otro "la naturaleza exacta de sus defectos", invariablemente se produce un encuentro humano y humanizador que enriquece profundamente a ambas partes» (p. 89). ¿Puedes admitir algo que te libere a ti y a los demás?

3. «Así es como Dios nos seduce a todos para que entremos en la economía de la gracia: amándonos a pesar de nosotros mismos y en los mismos aspectos en que no podemos, no queremos o no nos atrevemos a amarnos a nosotros mismos» (p. 92). ¿Has tenido la experiencia de que alguien te amara a pesar de no merecerlo? Cuéntala.

4. «El perdón es dejar ir nuestra esperanza de un pasado distinto o mejor» (p. 102). ¿Podrías dejar de darle vueltas a tus recuerdos más dolorosos?

CAPÍTULO 6: ¿QUÉ FUE PRIMERO, EL HUEVO O LA GALLINA?

1. «Tenemos que aceptar plenamente que solo Dios puede "quitar todo esto"» (p. 105). ¿Has tenido la experiencia del dejar ir y la de dejar hacer a Dios? ¿Cuándo?

2. «Cuesta mucho trabajo apartarnos del camino y dejar que la gracia opere plenamente y nos libere» (pp. 105-106). ¿Te has puesto alguna vez en el sendero de Dios?

3. «Primero debemos admitir plenamente el hecho de que tenemos "defectos", pero luego debemos dar un paso atrás y no hacer nada para remediarlo, por así decir... *¡hasta que estemos "enteramente dispuestos" a permitir que Dios nos libere de ellos!*» (pp. 107-108). ¿Ha reparado Dios alguna vez una parte de tu daño personal sin ningún esfuerzo de tu lado?

4. «En efecto, lo que tenemos que hacer es a la vez rendirnos y cargar con nuestra responsabilidad» (p. 111). ¿Cómo se aplica esto a la capacidad personal para bailar en pareja? ¿Qué tiene que decir esta analogía sobre el hecho de recuperarse de una adicción?

CAPÍTULO 7: ¿POR QUÉ DEBEMOS ROGAR?

1. *«No rogamos para cambiar a Dios sino para cambiarnos a nosotros mismos. Oramos para formar una relación viva, no para que se hagan cosas»* (p. 116). ¿Cómo han ido cambiando tus oraciones a lo largo de la vida?

2. «La oración es [...] *una sinergia que crea un resultado mayor que el propio intercambio*» (p. 116). ¿Cómo se interrelacionan la oración y la gracia? ¿Cómo describirías la gracia?

3. «Jesús nos pide que adoptemos la postura de un mendigo, de un solicitante, de alguien que es radicalmente dependiente, la cual, si somos honestos, es siempre espiritualmente verdadera» (p. 117). ¿Qué significa para ti ser radicalmente dependiente?

4. «La vida es un regalo, algo que se nos regala cada día» (p. 224). ¿Qué se necesita para que lo veas todo como un regalo y sientas agradecimiento por vivir?

1. «La "sublime gracia" no es una manera de evitar unas sinceras relaciones humanas, sino más bien una manera de rehacerlas —pero ahora de modo "gracioso"— para la liberación de ambas partes» (p. 128). ¿Qué relación te gustaría rehacer?

2. *«Aliviar simplemente la propia culpa es una preocupación ventajista; pero decir: "¿cómo puedo liberar a los demás de la suya?" es una pregunta afectuosa»* (p. 132). Recuerda una ocasión en que alguien te pidiera perdón para acallar su conciencia. ¿Cómo te sentiste?

3. «El octavo paso es una herramienta [...] maravillosa que fomenta una encarnación muy práctica: hace que el cristianismo se mantenga anclado, honesto y centrado en salvar a los demás (en vez de pensar solo en salvarnos a nosotros mismos)» (pp. 132-133). Recuerda una ocasión en que pidieras disculpas desde una postura de verdadera preocupación y amor al otro. ¿Cómo te sentiste?

4. «Hacer esta lista cambiará nuestra conciencia fundacional, la cual pasará de una mente que alimenta el resentimiento a otra que será a la vez y al mismo tiempo una mente agradecida y humilde» (p. 136). ¿Quién es esa persona a la que más te cuesta perdonar? ¿Qué puedes hacer para desear pedir perdón y recibirlo?

1. «Mucho me temo que la sabiduría que emana del "sentido común", o de unos medios hábiles, no sea el sentido más "corriente" o común. La nuestra es una cultura con muchas personas ancianas, pero con pocos ancianos que destaquen en la asignatura de "sabiduría"» (p. 139). ¿Quién ha desempeñado la función de anciano o de mentor sabio en tu vida?

2. «Jesús fue un maestro a la hora de enseñar medios hábiles, como vemos especialmente en el Sermón de la montaña y en muchas de sus parábolas y máximas» (pp. 139-140). ¿Qué dicho de Jesús es el más importante para ti?

3. «Se necesita bastante tiempo, discernimiento y asesoramiento ajeno para saber *cuándo*, *cómo*, *quién* y *dónde* disculparnos o reparar el daño» (p. 142). Recuerda una ocasión en que valiera la pena esperar a presentar disculpas.

4. «Obrar diestramente no es solo reparar el daño hecho, sino además repararlo de manera tal que "no se haga daño a los demás"» (p. 145). ¿Cuándo actuaste demasiado precipitadamente para corregir un error? ¿Qué pasó?

CAPÍTULO 10: ¿ES ESTO UNA EXAGERACIÓN?

1. «Debemos abandonar nuestro proceder compulsivo y nuestro apego a nosotros mismos si queremos ser verdaderamente conscientes» (p. 151). Di cuál es para ti una buena manera de empezar a ser consciente.

2. «La mayoría de la gente no capta esto porque está totalmente identificada con sus propios pensamientos, sentimientos y patrones de percepción compulsivos» (p. 151). ¿Te ayuda el desapego a separarte de tus sentimientos, pensamientos y patrones de percepción compulsivos? ¿Cómo?

3. «La mayoría de las Iglesias dieron a la gente la impresión de que "obtendrían" el Espíritu Santo como recompensa por su buena conducta» (p. 154). ¿Actúa el Espíritu Santo en tu vida como un Guía Divino y un Maestro?

4. «Una vez que hemos visto claramente nuestra inherente dignidad, el juego del mal y de la adicción empieza a venirse abajo» (p. 158). ¿Recuerdas una ocasión en que el mal saliera vencedor en tu vida? ¿Qué ha cambiado para que esto te haya llevado al bien?

1. «La mayoría de la gente no ve las cosas tal y como *son,* sino que las ve tal y como *ella* es» (p. 165). ¿Qué te ciega hasta el punto de que no veas las cosas a través de los cristales de la verdad?

2. «Dios no puede contestar directamente a tales oraciones porque, francamente, *estas suelen tener por objeto una cosa equivocada y hacerse a partir del yo equivocado»* (pp. 166-167). ¿Alguna vez no ha contestado Dios a una oración tuya? ¿Qué ha pasado en tal ocasión?

3. «Básicamente, la oración es un ejercicio de *participación divina:* ¡nosotros decidimos formar parte y Dios está siempre ahí!» (p. 168). ¿Cuándo has experimentado la presencia de Dios en la oración?

4. «La disposición de las personas para encontrar a Dios en su lucha con la vida —*y para dejar que ello las cambie*— es su obediencia más profunda y verdadera a la voluntad eterna de Dios» (p. 177). Cuando oyes a alguien decir «es la voluntad de Dios», ¿qué significa eso para ti?

CAPÍTULO 12: UNO RECIBE LO QUE DA

1. «[Jesús] sabía que teníamos que transmitir, que regalar, el mensaje antes de entenderlo realmente o de poder apreciarlo bien nosotros mismos» (p. 183). ¿Recuerdas una ocasión en que enseñaras algo a alguien y acabaras aprendiendo más de lo que habías enseñado?

2. «Hasta que no descubramos nuestra propia base y nuestra relación con el Todo, seguiremos siendo unos seres inestables y enojadizos» (p. 191). ¿Cuándo te has sentido «inestable y enojadizo»? ¿Qué ha motivado estos sentimientos? ¿Cómo puede una relación con «el Todo» ser tan determinante en tales ocasiones?

3. «La adicción es una enfermedad espiritual, una enfermedad del alma [...] que, por irónico que pueda parecer, es el necesario principio de todo camino espiritual» (p. 194). ¿Cómo puede ser la adicción un «feliz defecto»?

4. «Me dicen que en la Biblia hebrea solo hay realmente un pecado, y que ese único pecado es la *idolatría,* es decir, convertir en dios algo que no es Dios» (p. 196). ¿Hay alguna cosa en la que pienses más que en cualquier otra? ¿No podría ser esa cosa un «dios» para ti?